BIBLIOTECA DE
DERECHO PENAL Y PROCESAL PENAL

Carlos Pérez del Valle
(Director)

Justo Edward Nieves Chero
Daniel Armando Pisfil Flores
Carlos Antonio Agurto Gonzáles
Sonia Lidia Quequejana Mamani
Benigno Choque Cuenca
(Coordinadores Generales)

Jürgen Baumann
Profesor Emérito de la Eberhard Karls Universität Tübingen
(Alemania)

Derecho Procesal Penal

Conceptos Fundamentales y Principios Procesales
Introducción sobre la Base de Casos

Edición al cuidado de
Carlos Antonio Agurto Gonzáles
Sonia Lidia Quequejana Mamani
Benigno Choque Cuenca

Ediciones Olejnik

Título original:
Grundbegriffe und Verfahrensprinzipien des Strafprozessrechts. Eine Einführung an Hand von Fällen

Traducción de la 3ª edición alemana ampliada de 1979
por el Dr. Conrado A. Finzi

Título: Derecho Procesal Penal. Conceptos Fundamentales y Principios Procesales. Introducción sobre la Base de Casos

Huérfanos 611, Santiago - Chile
E-mail: contacto@edicionesolejnik.com
Web site: http://www.edicionesolejnik.com

Primera edición en ediciones Olejnik: 2019

ISBN: 978-956-392-300-1

Diseño de Carátula: Ena Zuñiga
Diagramación: Luis A. Sierra Cárdenas

Impreso en Argentina 2019 Printed in Argentina

ÍNDICE

CAPÍTULO 4
ACTOS PROCESALES, RELACIÓN PROCESAL,
PRESUPUESTOS PROCESALES

CAPÍTULO 5
OBJETO DEL PROCESO

PRÓLOGO A LA TERCERA EDICIÓN

Los «Conceptos fundamentales» tienen en cuenta la última literatura y jurisprudencia. Fue necesario adaptarlas sobre todo a las nuevas ediciones de Kern-Roxin, Kleinknecht y Löwe-Rosenberg y tener presentes las últimas leyes y proyectos de ley.

Debo agradecer a la Editorial Kohlhammer el que haya modificado la presentación del libro —que es ahora un libro de bolsillo— y que haya mejorado la estructura técnica de la impresión. La Editorial y el autor esperan que los «Conceptos fundamentales», nuevos en la forma, útiles en el trazado y actualizados en cuanto al contenido, faciliten y hasta tomen agradable a los lectores el estudio del derecho procesal. Se resistió a la tentación de dar un cuadro de conjunto del proceso penal, esto es, una infusión poco consistente. A paredes y adornos sutiles son preferibles pocos pilares robustos, que sostengan el edificio de la dogmática procesal penal. Se aprovechan ciertas remisiones a los «Conceptos fundamentales y principios procesales del derecho procesal civil' (utilizables sinópticamente).

También agradezco al asistente Ernst Meyer la colaboración que me presto al revisar la obra.

Tubinga,
01 de enero de 1979
JÜRGEN BAUMANN

CAPÍTULO 1
DERECHO PROCESAL PENAL

Casos:

a) *T* cometió un asesinato. Cree ser mentalmente sano y totalmente imputable y sabe que solo se le puede aplicar como consecuencia jurídica la pena privativa de libertad perpetua prevista en el § 211 del Código Penal. No obstante, no pretende recurrir a los tribunales, sobrecargados de trabajo, y se presenta, para cumplir la pena, a la oficina de entrada del establecimiento penitenciario *X*.

b) En lo de *E* fue cometido un hurto con fractura. La policía, supone que el autor ha escondido el botín en Stuttgart. La policía ¿puede registrar todas las casas? ¿Las casas de un distrito determinado? ¿Es esto posible también de noche? Quien no participa en el hecho ¿debe admitir un registro domiciliario como éste?

c) [(= Caso c) «Conceptos fundamentales del derecho penal», capítulo 1]. *A* hurtó el tocadiscos de su vecino-de habitación *E*. El tribunal lo condena a una multa de 20 días-multa. *E* se informa en la tesorería del tribunal si el dinero había ingresado. Si A es insolvente, perore disculpa, *E* desea prescindir de la punición.

I. Función del derecho procesal penal

1. Derecho penal y derecho procesal penal

a) El derecho penal material abarca las normas que se ocupan del nacimiento de la pretensión penal estatal (ver los «Conceptos fundamentales del derecho penal», cap. X, I, 2, y III) y el derecho procesal penal contiene las normas que regulan la determinación y realización de esta pretensión penal estatal. Podemos *definir el derecho penal* como el conjunto de las normas jurídicas que amenazan como consecuencia jurídica, para un hecho determinado, una pena o medida determinada (Baumann, *Tratado,* § 3, I). Una *definición del derecho procesal penal* podría ser ésta: el conjunto de las normas destinadas a regular el procedimiento para la determinación y realización de la pretensión penal estatal.

Esta definición del derecho procesal penal es muy tosca y necesita de un complemento. Esta complementación se debe emprender a partir de la observación de la función que incumbe al derecho procesal penal. Ante todo, interesa saber en qué relación se hallan el derecho penal material y el procesal. El derecho penal material regula, como el derecho civil material, el nacimiento, la modificación y el fin de relaciones jurídicas (sobre todo de pretensiones); el derecho procesal penal se ocupa, como el derecho procesal civil, de la realización de esta situación jurídica, normada por el derecho material, en un procedimiento especial. El derecho procesal penal, el derecho procesal civil, el derecho procesal administrativo y el derecho procesal constitucional son *derechos auxiliares,* destinados siempre a realizar el derecho penal material, civil, administrativo y constitucional. El derecho material no se realiza siempre solo. Por cierto, los contratos, en su mayor parte, se cumplen; por cierto, son válidos, por lo general, los actos administrativos y las leyes son, en su mayoría, constitucionales. Pero, cuando esto no ocurre, la realización del derecho material necesita de un procedimiento judicial (prescindimos aquí de las excepciones).

Ejemplos: El derecho civil material (por ejemplo, la pretensión de cumplimiento o de indemnización del acreedor) se determina en el proceso civil y se realiza en el procedimiento de ejecución forzosa contra quien no efectúa el pago. El derecho procesal civil y el de ejecución forzosa regulan los procedimientos. El derecho administrativo material (legalidad de la administración) se determina y realiza, si un acto administrativo es antijurídico, en el procedimiento contencioso-administrativo (por ejemplo, anulando el acto administrativo antijurídico u ordenando a la autoridad administrativa dictar un acto administrativo determinado). Al derecho constitucional material, v.gr., al art. 3, párr. 2, de la Ley Fundamental, se lo realiza, si el legislador lo lesiona (por ejemplo, con disposiciones sobre el derecho de familia) en el procedimiento can arreglo a la Ley del Tribunal Federal de Garantías Constitucionales (eliminando las normas que no corresponden al principio de igualdad).

El derecho penal material necesita este derecho auxiliar y su *realización* jurídica en mucho mayor medida que, por ejemplo, el derecho civil material. En este último, la realización solo es necesaria (por lo común) cuando las partes no se comportan con arreglo a derecho. En cambio, el derecho penal material puede realizarse *únicamente* por la vía del procedimiento penal. Nos limitaremos a mencionar dos razones principales: el interés público en la realización del derecho penal material es mucho mayor que el interés en la realización del derecho civil material. Esto exige un procedimiento sustraído a la disposición de las partes en que se ha de examinar exactamente (principio de la verdad material) si la pretensión penal estatal ha surgido. No basta que el presunto autor de un hecho punible haya confesado y quiera sufrir la consecuencia jurídica pertinente. La comunidad jurídica pretende examinar si él es realmente el autor, cómo ha llegado a la comisión del hecho, etc. No queremos un Jean Calas que tuvo que ser rehabilitado por Voltaire*. Por otro lado, el derecho penal material toma como punto de partida una «división del trabajo» entre norma jurídica y juez (o sea, un sujeto procesal). Solo raras veces la norma del derecho penal material consigna una consecuencia jurídica absolutamente determinada (como, v.gr., en el § 211 del Código Penal: pena privativa de liber-

---

* Jean Calas, un honesto comerciante de Tolosa, fue víctima del fanatismo religioso. El 13/10/1761 se encontró ahorcado en el depósito a su hijo primogénito y la familia fue encarcelada. Jean Calas se declaró inocente, pero el Parlamento, atemorizado por tumultos populares, lo condenó a muerte y al suplicio de la rueda y confiscó su patrimonio. Voltaire se ocupó del asunto y afirmó que *«les formes en France ont été inventées pour perdre les innocents»*, obteniendo la revisión del proceso. A su pedido, Jean Calas fue rehabilitado. Fue uno de los pocos casos en que Voltaire intervino ante la Justicia. (N. del T.).

tad perpetua). Casi siempre, la consecuencia jurídica contenida en la disposición jurídico-material representa la puesta a disposición de un marco penal dentro del cual solamente el juez ha de elegir la pena justa en el caso particular. En consecuencia, sin actividad judicial (en el procedimiento penal) no existe ninguna consecuencia jurídica determinada. Por esta sola circunstancia, el derecho penal material puede realizarse únicamente en el proceso.

En el *caso «a»*, existe para el asesinato una amenaza absoluta de pena. T también incurre en esta consecuencia jurídica al llenar todos sus presupuestos jurídicos. Sin embargo, la determinación de esta situación jurídico-material no es asunto que le incumba. Solamente los tribunales pueden, en un procedimiento firmemente regulado —el proceso penal—, determinar y realizar esta consecuencia jurídica. Si solo existiera en este caso complicidad de *T* en el asesinato o fuera aplicable el § 21 del Código Penal (algo habla en favor de esta tesis) o si hubiera únicamente homicidio con arreglo al § 212 del Código Penal (y esto lo debe examinar el tribunal competente, y no *T*), solo el tribunal podría determinar la consecuencia jurídica.

b) En la actualidad, el derecho penal y el derecho procesal penal están regulados en *leyes separadas;* al derecho penal material lo regula el Código Penal con sus leyes accesorias y al derecho procesal penal lo regulan la ley orgánica del Poder Judicial, la Ordenanza Procesal Penal y la ley sobre tribunales de menores (y también la ley sobre infracciones al orden y numerosas otras leyes; ver más adelante). En consecuencia, ya se ha separado externamente el derecho formal del derecho material. Pero esto no sucedió Siempre. En el primer Código Penal del Reich alemán —la Constitutio Criminalis Carolina u Ordenanza Penal de Carlos V de 1532— están todavía unidos el derecho material y el formal. Aún hoy no ha sido realizada en forma correcta su ubicación en leyes distintas. Puede recordarse al respecto que están regulados en el Código Penal la instancia privada y la prescripción de la ejecución que son manifestaciones procesales. La naturaleza jurídica de la prescripción de la persecución penal, que también regula el Código Penal, es objeto de discusiones. La jurisprudencia ve en la prescripción de la persecución, en forma preponderante, una manifestación procesal (impedimento procesal). Una gran parte de la teoría habla de una doble naturaleza de la prescripción de la persecución y admite que contiene tanto elementos procesales (el pensamiento de la inservibilidad de los medios de prueba al cabo de mucho tiempo), así como también elementos jurídico-materiales (debilitamiento de la pretensión penal estatal y, además, naturaleza jurídico-material de la prescripción o realización en el derecho civil).

Acerca de h discusión referente a la prescripción, ver los datos bibliográficos en Baumann, *Tratado,* § 4, I, 1. Precisamente en la prescripción de la persecución con efecto retroactivo de *los* crímenes violentos cometidos en la época nacionalsocialista, estas cuestiones desempeñaron un papel decisivo, por la prohibición de la agravación con efecto retroactivo del derecho penal material en el § 1 del Código Penal y en el art. 103, párr. 2, de la Ley Fundamental. Puede ponerse en duda (en contra del Tribunal Federal de Garantías Constitucionales) si en esta última disposición es oportuna la referencia a la «punibilidad» (en contraposición con la «perseguibilidad») —o sea, limitar la prohibición a la agravación del derecho material—. El Consejo Parlamentario lo ha entendido de esta manera, y el texto que el tribunal invoca (en la sentencia 25, 269) también habla en su favor. Una acabada protección del acusado contra el arbitrio *ex post* solo se da, no obstante, si se incluye en la punibilidad la perseguibilidad (árt. *103, párr. 2),* esto es, si también se extiende a los presupuestos procesales (más datos al respecto en Baumann, *Der Aufstand des schlechten Gewissens* [La rebelión de la mala conciencia], 1965).

A la inversa, se encuentran en la Ordenanza Procesal Penal regulaciones que, al lado de la trama procesal, también presentan un aspecto jurídico-material. En los § 153 y ss. de la Ordenanza, que contienen las disposiciones sobre la realización del principió de oportunidad (ver el capítulo 2, 3, *b)*, la opinión dominante ve únicamente una manifestación procesal (según este principio, si se trata de insignificancias o detalles-accesorios, no vale la pena llevar a cabo un procedimiento = idea de la economía procesal); en cambio, Peters (en la «*Zeitschrift für die gesamte Strafrechtswissenschaft*», 68, 374, y en *Die strafrechtsgestaltende Kraft des Strafprozesses* [La fuerza penal estructurante del proceso penal], en la serie «*Recht und Staat*», 1963) ha señalado, a mi juicio con razón, que se está frente, aquí también, a un criterio jurídico-material *(mínima non curat praetor;* hay delitos en que el tipo se realiza, pero todavía no está alcanzado un límite inferior de injusto criminal). Aquí basta (ver más datos en Baumann, *Festschrift für Peters,* 1974, p. 3) remitir a esta discusión y poner un signo de interrogación al deslinde, hecho con excesiva seguridad, entre derecho material y procesal.

Dado que, según la teoría dominante en la actualidad, lo injusto penal y lo (simplemente) contrario al orden no deben deslindarse cualitativa sino tan solo cuantitativamente (ver, a partir de la 6ª edición. Baumann, *Tratado,* § 4, I, 2), no existe una diferencia cualitativa tampoco entre los *derechos procesales correspondientes* (Ordenanza Procesal Penal y ley sobre infracciones al orden). Las diferencias solo resultan del carácter de bagatela y de razones de economía procesal (es muy dudosa la tramitación de instancias con arreglo a los § 79, párr. 3, de la ley sobre infracciones al orden, y 121, párr. 1, de la ley orgánica del Poder Judicial).

Si se lograra eliminar del Código Penal todo lo injusto de bagatela (por ejemplo, el hurto de 10 centavos) (e incluirlo en la tercera parte de la ley sobre infracciones al orden), sería posible renunciar, en gran parte, a la «función de freno de seguridad» de los § 153 y ss. de la Ordenanza Procesal Penal.

2. Misión del derecho procesal penal

La definición del derecho procesal penal, dada en el nº 1, *a,* ya indica las funciones que le incumben a esta rama jurídica. Al proceso penal le corresponde determinar y realizar la pretensión penal estatal (realización del derecho penal material); el derecho procesal penal ha de regular el procedimiento para determinar y realizar dicha pretensión. Consideremos en detalle esta definición:

a) Nuestro derecho procesal penal se ocupa de la *pretensión penal estatal.* De ninguna manera esto fue siempre así. Como se sabe, en el antiguo derecho penal alemán no existía una pretensión de esta naturaleza de parte de la comunidad jurídica contra el individuo. Era el lesionado o su pariente quien tenía el derecho de venganza. En delitos particularmente graves contra la comunidad, tenía lugar la expulsión de esa comunidad, En todos los derechos arcaicos encontramos conceptos similares. Solamente al desarrollarse el derecho como orden general de paz, estos derechos pasaron al Estado (merece especialmente ser leído E. Schmidt, *Geschichte der deutschen Strafrechtspflege* [Historia de la administración de justicia penal alemana], 3ª ed., 1965): la pena impuesta por el Estado. Tuvo que trascurrir mucho tiempo, entre los distintos sectores jurídicos, antes de que la potestad punitiva y la pretensión penal pasaran exclusivamente a la comunidad, o sea, al Estado.

Es natural para nosotros que de la pretensión de castigar y de la imposición de otras consecuencias jurídicas (para la reintegración del autor y la seguridad de la comunidad jurídica) se ocupe únicamente el Estado. La pretensión penal del Estado surgida del derecho penal material, es una pretensión de derecho público de la comunidad frente al individuo. Es ella la que se determina y realiza en el procedimiento penal.

De esto también se infiere, viceversa, que la imposición de consecuencias penales no constituye solamente un derecho, sino también un *deber* del Estado. La comunidad jurídica, que le ha quitado al individuo la posibilidad de impartir justicia personalmente y SOLO en muy pocos casos excepcionales lo consiente: ver, por ejemplo, el § 32 del Código Penal y los § 227 y ss. del Código Civil (solamente cuando la realización estatal del derecho llegaría demasiado tarde), tiene que cuidar que el derecho penal material se lleve a cabo. Si la comunidad jurídica no lo hace o lo hace en forma imperfecta, promueve la justicia personal. En consecuencia, del monopolio de la justicia por parte del Estado también resulta, simultáneamente, su *deber de impartirla* (ver al respecto las disposiciones sobre el procedimiento para forzar a la promoción de la acción pública en los § 172 y ss. de la Ordenanza Procesal Penal).

En el *caso «a»*, ni *T* ni el lesionado o sus herederos pueden realizar el derecho penal material. Esto les incumbe tan solo a los órganos estatales de persecución penal. La pretensión penal estatal no puede realizarla de propia mano el lesionado ni ser «reconocida» por *T*.

En el *caso «c»*, la pretensión penal no corresponde a *E*, sino al Estado. La multa no se paga al lesionado, sino al Estado. Si esta pretensión penal ha surgido, *E* no tiene ningún poder de disposición al respecto. No puede aplazar el pago de la multa, ni remitirla.

De la misión que le incumbe al procedo penal —la realización de esta pretensión penal estatal— derivan numerosas peculiaridades en la rama jurídica que nos interesa y numerosas y fundamentales *diferencias respecto del proceso civil*. En éste se trata de determinad y realizar (derecho de ejecución forzosa) sobre todo pretensiones de derecho privado. Éstas están sujetas en gran medida al poder de disposición de las partes. El acreedor puede hacer valer su pretensión, pero también puede no hacerlo, puede celebrar un contrato de remisión, renunciar a derechos reales, etc. Un derecho de realización en este ámbito tiene en cuenta, razonablemente, esta situación jurídica. Si el derecho material que debe realizarse es disponible y renunciable, el derecho procesal tiene que corresponder a él y otorgar a las partes un poder de disposición sobre el objeto del litigio. En consecuencia, rigen en el derecho procesal civil las máximas de negociación y de disposición y en el derecho procesal penal la máxima de instrucción (ver el capítulo 2).

En el *caso «c»* no existe una disposición de E sobre la multa. El procedimiento se lleva a cabo sin la voluntad de E e incluso contra su voluntad. Si el ministerio público o la policía se entera por terceros del hurto cometido por *A* contra E, se entablará un procedimiento penal. No así, en caso de que *E* haga valer contra *A* su pretensión de derecho civil a la indemnización con arreglo al § 823 del Código Civil. Se deja librado al criterio de E hacerlo. Éste puede promover una demanda, pero también puede omitirla. En el mismo proceso puede renunciar a la pretensión. Entonces se dictará una sentencia, conforme al § 306 de la Ordenanza Procesal Civil, que rechaza la demanda, sin que el juez haya examinado la situación jurídico-material. Si se admite (§ 823 del Código Civil) la pretensión, queda librado al criterio de *E* intentar, por la sentencia firme, una ejecución. E, como acreedor que ejecuta, es quien domina ampliamente el procedimiento ejecutivo: todas consecuencias del criterio según el cual aquí debe realizarse una pretensión (tan solo) de derecho privado y disponible.

Cuando se dio la definición del derecho procesal penal (en el nº 1, *a)*, se dijo que ésta necesita un complemento. En primer término, interesa en el derecho procesal penal la pretensión penal estatal. Pero esto no se debe interpretar en el sentido de que la cognición procesal penal pueda referirse siempre y únicamente a la cuestión de la punibilidad. Al juez penal (y no al juez administrativo, y esto también sería viable) también están confiadas las *medidas* de corrección y seguridad, y en el proceso penal se decidirá incluso sobre ellas. El nexo con el hecho punible y la necesidad de poner en las manos del juez penal todo el catálogo de los medios de reacción (únicamente así puede cumplir con su tarea de resocialización), han dado lugar a esta «ampliación» de la pretensión penal estatal.

Las medidas también pueden imponerse si consta de antemano que el autor ha obrado sin culpabilidad (por ejemplo, internamiento de un asesino demente en un hospital psiquiátrico). Aquí, ya es imposible hablar de una pretensión penal estatal, porque una pretensión como ésta contra una persona que obra sin culpabilidad no puede existir. Sería poco realista e insensato desde el punto de vista de la economía procesal, gestionar un procedimiento penal «normal»; por otro lado, no debe actuar, por el hecho antijurídico, el juez tutelar (según las leyes sobre internamiento de los Estados federados). La Ordenanza Procesal Penal ha puesto a disposición, en los § 413 y ss., un *procedimiento de seguridad* en que se decide acerca de la medida.

Por consiguiente, vemos que el proceso penal no se ocupa solamente de la pretensión penal estatal, sino también de las *manifestaciones conexas*. De este modo, debemos completar la definición que se ha dado anteriormente: «determinación y realización de la pretensión penal estatal y regulación de las manifestaciones conexas». Entonces, la definición también se adapta al llamado *procedimiento de adhesión* con arreglo a los § 403 y ss. El criterio fundamental de este procedimiento consiste en aclarar y codecidir, también en el proceso penal, las pretensiones de indemnización del derecho civil (principio de la economía procesal y de una mejor ayuda para quien ha resultado perjudicado por el hecho punible). El procedimiento de adhesión, introducido en 1943, no juega en la práctica judicial ningún papel especial. Su realización prolongaría con frecuencia el procedimiento y los jueces también tienen cierta aversión contra el cambio de los puntos de vista (en el procedimiento penal no interesan tanto las consecuencias del hecho como la personalidad del autor; en el procedimiento de adhesión el juez debe ocuparse de la importancia del daño ocasionado).

En el *caso «c»* y en su precedente ampliación a la problemática procesal civil, podría decidirse, en el procedimiento de adhesión, acerca de la pretensión de indemnización de *E* contra *A* (§ 823 del Código Civil). Esto tendría la ventaja para la comunidad jurídica que un proceso civil sobre una pretensión de indemnización, sería superflua (economía procesal), y para *E* la de que obtendría inmediatamente un título ejecutivo contra *A* (§ 406 de la Ordenanza Procesal Penal). Existe el peligro, por cierto, de que, por ello, el procedimiento se atrase, pues se deben llevar a cabo pesquisas sobre el valor del tocadiscos (3 años de uso, pequeños desperfectos con los gastos correspondientes, gasto para un nuevo aparato, gastos de alquiler para el tiempo intermedio, etc.), puntos de vista que para la pena de *A* casi carecen de significado.

b) Esta pretensión especial debe *determinarse y realizarse* en el proceso penal. Naturalmente, es posible preguntarse por qué razón la pretensión penal de derecho público requiere una realización jurídica tan complicada. ¿No basta aquí una sola disposición, que otorgue a los órganos de persecución penal el derecho de realizar el derecho material del Código Penal? Ya hemos señalado (1, *a*) que el derecho material no se realiza «por sí solo». La realización del derecho es un cometido de la más alta significación. ¿Para qué sirve el mejor derecho material (derecho civil, derecho penal, derecho público) si solo figura en el papel y no se realiza de ordinario en la vida diaria? Únicamente así el derecho puede ser un ordenamiento de paz y de convivencia social. Un derecho procesal malo y perspectivas malas de realización jurídica llevan al terror de unos pocos poderosos o a la sociedad anárquica en la cual cada uno ejerce el derecho del más fuerte.

También algunas pocas («severas») disposiciones podrían *garantizar la realización del derecho, pero* darían como resultado que en ella solo se tendrían en cuenta los distintos intereses en forma muy superficial Algunas pocas disposiciones que determinen los órganos de persecución estatales y les otorguen todo el poder, descuidarían indefectiblemente los intereses de los ciudadanos (incluso del ciudadano de quien se sospecha la comisión del hecho punible). El derecho no debe realizarse *«á tout prix»;* no debe realizarse a costa de posibilidades suficientes de defensa y del tratamiento humano, limitando rigurosamente los derechos a la libertad, etc. Todo el derecho procesal penal niega el principio de que el fin justifica los medios. Tampoco el muy elevado interés en la persecución de parte de la comunidad jurídica legitima directamente cualquier intervención en los derechos a la libertad del ciudadano sospechoso.

En consecuencia, vemos que el derecho procesal penal se halla siempre en una *relación conflictiva* (de esto se ocupa sobre todo Peters, *Tratado,* § 13) entre el interés de la comunidad jurídica en la realización del derecho material (persecución penal) y los intereses de los ciudadanos afectados en sus derechos por el procedimiento penal. En todos los grados del procedimiento (procedimiento preliminar, intermedio y principal) este *conflicto de intereses* debe ser balanceado según el grado del procedimiento en forma distinta. En cada grado del procedimiento los derechos y deberes de los sujetos procesales deben hallarse dentro de una relación equilibrada. A los intereses de los órganos de persecución penal, en el procedimiento de investigación, de incorporar las pruebas contra un sospechoso, se contraponen los intereses, precisamente, que éste tiene en la conservación de sus derechos a la libertad y también el interés de otros ciudadanos de no ser llevados, por arbitrio de los órganos de persecución, a la persecución penal (por ejemplo, como testigo, perito o en los registros domiciliarios). La Ordenanza Procesal Penal regula en detalle todos estos conflictos de intereses, determina el interés preferente y la forma en que éste puede ser realizado. No pueden aplicarse medios coercitivos frente al sospechoso ni frente a terceros solamente si esto es conveniente; se aplicarán únicamente si la Ordenanza Procesal Penal lo dispone de manera expresa en un procedimiento exactamente prescrito, el cual permanentemente prevé recursos, ordena inspecciones de oficio, da garantía de seguridad, etc.

En el *caso b,* por el preponderante interés en la persecución penal, no se puede llevar a cabo, sin más, un registro domiciliario de todas las casas, tampoco si éste diera por resultado, con seguridad, el esclarecimiento del hecho punible. Debe examinarse cómo la Ordenanza Procesal Penal regula este medio coercitivo del registro. Corresponde aplicar aquí (respecto de terceros, no sospechosos del hecho punible) el § 103 de la Ordenanza. Esta disposición regula el conflicto de intereses entre el interés en la persecución y el de los ciudadanos en que sea salvaguardada su intimidad hogareña. En consecuencia, un registro domiciliario es admisible únicamente si «existen hechos de los que se deba inferir que la persona, el rastro o la cosa buscada se halla en los lugares para registrar». Respecto de registros realizados de noche (ver la definición legal en el § 104, párr. 3), se debe tener en cuenta la limitación a que se refiere dicho parágrafo (peligro inminente, por la demora, etc.).

Por consiguiente, la determinación y realización de la pretensión penal estatal no puede llevarse a cabo «de cualquier manera», sino tan solo con arreglo a las disposiciones procesales penales. Un procedimiento «limpio» es, al mismo tiempo, el *comienzo de la actividad resocializadora* del derecho penal. Al arbitrio del autor no se le puede responder con el arbitrio de la comunidad jurídica. En este sentido, un procedimiento penal llevado a cabo correctamente (¡lo cual, por supuesto, no significa que al autor se lo deba declarar siempre culpable!) tiene un elevado cometido de orden y un efecto de paz.

Cuando se habla, en la definición mencionada, de realización, también se hace referencia al *procedimiento ejecutivo* (reglado en los § 449 y ss. de la Ordenanza Procesal Penal y en la Ordenanza sobre la ejecución dé la pena). Se discute si la ejecución de la pena y el cumplimiento de la privativa de libertad pertenecen al derecho procesal penal o al derecho administrativo. La sentencia firme se realiza mediante la ejecución y es todavía actividad judicial. El cumplimiento de la pena privativa de libertad concierne al tratamiento del afectado en un establecimiento penitenciario y, si se trata de multas, concierne al cobro. Es, sobre todo, actividad administrativa, por cierto, actividad administrativa de una manera especial, que debe ajustarse a los principios y cometidos del derecho penal material. Debería preferirse la opinión dominante que incluye el derecho de ejecución en el derecho procesal penal, y no más en el del cumplimiento.

Por la separación también del derecho de ejecución del derecho procesal penal, Henkel (*Tratado,* § 1)', por la inclusión del derecho sobre el cumplimiento de la pena en el derecho procesal penal, Kern (*Libro de estudio,* 8ª ed., § 58); como en el texto, la opinión dominante, ver Kern-Roxin, § 57, A, III; Peters, *Tratado,* § 78, I; E. Schmidt, *Libro de estudio,* nota marginal 530. La tendencia, sin embargo (con motivo de la regulación legal en la ley sobre el cumplimiento de la pena y la inserción de las cámaras de ejecución en decisiones sobre el cumplimiento), se dirige en el sentido de limitar la unión con la actividad administrativa de la Justicia y a fortalecer la unión con el derecho ejecutivo. La ley sobre el cumplimiento de la pena del Proyecto alternativo había previsto una competencia aún más amplia (¡y también primaria!) de las cámaras penales de ejecución y, así, un más fuerte viraje y coordinación respecto del derecho de ejecución. No se ha convertido en ley. Sigue en pie, pues, la opinión dominante referida (la ejecución dentro del derecho procesal penal y el cumplimiento dentro del derecho administrativo judicial con ciertas tendencias a limitaciones).

Una tercera opinión, conceptuada en expansión, extrae de la regulación legal del cumplimiento a partir del 1/1/1977, la consecuencia de que el cumplimiento es, dentro de lo injusto criminal, una tercera materia autónoma, independiente del derecho procesal penal (y del derecho penal material); confr. Calliess, p. 222; Kaiser, en Kaiser-Kerner-Schöch, § 2, 1, 11; Kern-Roxin, § 57, A, III; Müller-Dietz, § 1, II, 1. Si se prescinde de esta coordinación jurídico-sistemática, el derecho sobre el cumplimiento de la pena se presenta, sin duda, como una parte del derecho administrativo (ver Müller-Dietz, § 1, III, 1, *b*) —y esto tiene como consecuencia de que aquí pueden aplicarse los principios de la teoría del acto administrativo (ver nuevamente Müller-Dietz, lug. cit.)—.

II. La esencia del derecho procesal penal

1. Generalidades

a) El derecho procesal penal es una parte del *derecho público.* Esto se desprende de su naturaleza de derecho de realización. Se trata de realizar el derecho incluso frente a un ciudadano que opone resistencia y trata de impedir por todos los medios que la pretensión penal estatal se lleve a cabo. Por consiguiente, también en el derecho procesal penal encontramos la relación de sujeción que caracteriza al derecho público. Los órganos de persecución penal y especialmente el tribunal estatal, por un lado, y el imputado, por el otro, no son en absoluto sujetos procesales de la misma categoría, que estén provistos y actúen con los mismos derechos y deberes. El derecho procesal penal no cuida los derechos y la utilidad del individuo, sino el bienestar y la seguridad de la colectividad (que sin la resocialización del individuo no se pueden, por cierto, conseguir). Por tanto, también aplicando este criterio *(quod ad staium... quod ad utilitatem singulorum spectat;* Dig. 1, 1, 2), es evidente que esta parte del derecho tiene la naturaleza de derecho público.

De la naturaleza de derecho público de esta rama jurídica parcial también se deduce que es posible emplear *medios coercitivos* procesales para lograr el fin del proceso, la ejecutoriedad y garantía de estabilidad de las decisiones que se dictan en el proceso penal, y se explica la posición especial del tribunal.

El otro órgano de persecución penal —el ministerio público— podría, sin embargo, tener otra posición. Según el derecho procesal penal alemán, no es una parte en el proceso; su posición es ambigua. Es una autoridad estatal con facultades soberanas a la cual le corresponde la tarea de conducir las investigaciones y sostener la pretensión penal estatal (principio acusatorio). La actividad del ministerio público está netamente separada de la decisoria, que solo le incumbe al tribunal. Al cumplir con las tareas mencionadas, también podría ser parte en un proceso de partes. Según el derecho procesal penal alemán, le incumbe el deber de hacer investigaciones también en favor del imputado (§ 160, párr. 2) y de interponer recursos en su favor (§ 296, párr. 2) y no ha de adoptar solamente en forma unilateral una posición contraria a él. De esta manera, el ministerio público se aparta de un nuevo papel de parte (como, v.gr., en el procedimiento penal angloamericano) y se convierte en una «autoridad objetiva»; de ninguna manera debe considerar que su tarea consiste exclusivamente en un «hostigamiento» contra el imputado. Conforme a nuestro derecho procesal penal, al ministerio público le incumbe, en forma similar al tribunal, descubrir y sostener la verdad material. No se ajustan tampoco a un mero papel de parte las competencias del ministerio público según los § 153«

de la Ordenanza Procesal Penal y 45 de la ley sobre tribunales de menores (ministerio público como autoridad sancionadora).

Es importante ocuparse ahora de esta controversia: ¿proceso entre partes o no? Se debe meditar acerca de las ventajas y de los inconvenientes de ambos procedimientos y ponderarlos mutuamente. Solo entonces se podrá exigir reformas. Hay que estudiar esta cuestión consultando los tratados de derecho procesal penal citados.

La opinión propia es la siguiente: se podría hablar de una posición de parte del ministerio público únicamente si existieran *igualdad de tareas* e *igualdad de medios* («igualdad de armas») con la parte contraria (defensor y acusado). Pero no es así. El defensor también puede ser órgano de la administración de justicia, pero él debe defender tan solo los intereses de su mandante. No está facultado —por no decir obligado— para contribuir a la prueba del hecho punible, tampoco si está al corriente de la autoría del imputado. Mientras el ministerio público cuenta con un formidable dispositivo de investigación, el defensor no está provisto de un dispositivo igual. Ver más datos en el capítulo 2, 2, *b,* y en el capítulo 3, III y VI.

Hay que poner en duda si es oportuno, en general, un viraje más drástico hacia el proceso entre partes. Un fortalecimiento de la posición del defensor es, por cierto, necesario (incluso más allá de los resultados de la Pequeña Reforma procesal penal de 1964; en la práctica, los sucesos conocidos han tenido como consecuencia, lamentablemente, una inversión o, por lo menos, un debilitamiento de esta tendencia*). Pero, si se quisiera impulsar al ministerio público hacia un mero papel de parte, se podría temer que ya no actuaría como burdo tamiz ante el procedimiento penal (el ministerio público cerraría la mayor parte de todos los procedimientos penales conforme a los § 170 y 153 y ss. de la Ordenanza Procesal Penal, o sea, no se los trasladaría a los tribunales). Un mero papel de parte y la situación psicológica procesal correspondiente (el ministerio público como adversario del imputado: situación de duelo) podrían perjudicar considerablemente al imputado en la distinta distribución de los medios coercitivos.

b) El derecho procesal penal es *derecho referido al procedimiento.* Sobre todo Peters recalca que el procedimiento concierne a un suceso de la vida completamente peculiar; presenta ciertas legalidades que el principiante en este ámbito tiene que aclarar. En el proceso «se desempeñan papeles». Existe una psicología procesal peculiar (de esto se ocupa especialmente Grassberger).

Proceso proviene de *«procedere».* La solución de la controversia (se trata aquí de decidir sobre el objeto del proceso) se lleva a cabo por *grados.* Mientras el fin del proceso es, en términos muy generales, la decisión sobre el objeto del proceso, existen en los distintos grados *fines intermedios* y, como ya se ha dicho, una regulación diferente de los derechos y deberes de los sujetos que participan del proceso en los distintos grados.

En el *procedimiento preliminar* se investigan los hechos. Aquí, el ministerio público, a quien está asignada esta tarea conforme al § 160, asume una posición especialmente relevante. «Domina» el procedimiento de investigación. No obstante, son necesarios los derechos de control del imputado y del defensor a fin de

* El autor se refiere al fenómeno del «terrorismo», por suerte ya superado en la República Federal de Alemania.

evitar que en la investigación se deslicen, desde el principio, errores que después son difíciles de reparar. En el *procedimiento intermedio* (§ 199 y ss.) se examina judicialmente si existen sospechas suficientes. Aquí, el tribunal se inserta como instancia de control para que un exceso ciego de celo del ministerio público, o parcialidad, no induzcan al ministerio público, en virtud de las investigaciones que se han practicado, a exponer a un ciudadano, sin motivos suficientes, a la carga psíquica que implica un debate público y oral sobre la imputación. Esta función protectora del procedimiento intermedio requiere que la defensa adquiera una posición más firme en este grado del proceso. En el *debate*, el tribunal decide. Aquí, la posición del ministerio público es mucho más débil y la de la defensa es muy fuerte. En virtud del principio de instrucción (capítulo 2, 4), se encuentra simultáneamente una gran (¿excesiva?) plenitud de poderes del tribunal en este grado del procedimiento. El capítulo 3, III, 2, contiene una *ojeada de conjunto* sobre los grados del procedimiento.

El derecho procesal regula y clasifica los grados del procedimiento, asigna las tareas a los sujetos procesales, norma sus derechos y deberes, etc. La Ordenanza Procesal Penal no se conforma, por ejemplo, con exponer el principio general del derecho a ser oído del § 33, sino que regula en cada grado del procedimiento este derecho, los deberes de declarar, los derechos de instar, la cuestión de la presencia personal, los derechos de vista de las actas, la facultad de interponer recursos, etc.

c) Ya hemos dicho que el derecho procesal penal es *derecho de realización*. Tiene función auxiliar frente al derecho material y está estrechamente unido a él. También existen manifestaciones que se sitúan en el límite e instituciones con doble naturaleza (elementos de derecho material y procesales); ver acerca de todo este tema, I, 1, *b*. El derecho procesal penal debe estar estructurado en forma tal como para poder realizar el correspondiente derecho penal material. Además, el derecho procesal debe exhibir la misma *actitud fundamental* que ostenta el derecho material que va a realizar. Así, por ejemplo, es completamente insensato prestar particular atención, en el derecho penal material, a la personalidad del autor y a la prevención especial si el derecho procesal no las tiene en cuenta.

Ejemplo: ¿Para qué sirve reparar en la personalidad del autor en el derecho penal material si el derecho procesal penal no tiene en cuenta su verificación? Los antecedentes del autor, las causas del delito importantes desde el punto de vista de la sociología criminal, los errores pedagógicos, etc., pueden no ser tenidos en cuenta o serlo en forma insuficiente al graduar la pena, si la Ordenanza Procesal Penal no consiente las investigaciones en este sentido y, si es preciso, no da los necesarios poderes coercitivos para la aclaración de estos hechos. Ya la simple posibilidad de considerar la inimputabilidad o la imputabilidad disminuida en el derecho penal material requiere precauciones procesales especiales, como, por ejemplo, en los § 81 (poder de coerción), 80a y 246a (deber de esclarecimiento).

Debe señalarse al respecto que las posibilidades de investigación no son suficientes y que tampoco la práctica agota siquiera, por lo común, las deficientes posibilidades de la Ordenanza. Esto vale incluso para la actividad de asistencia judicial (§ 160, párr. 3 y 2), que solo gradualmente se hace cargo con amplitud de tareas investigadoras (y a menudo propende a recalcar en la práctica en mayor medida las tareas que le son propias y a rechazar la «actividad de espía», en detrimento del imputado). Si se pretendiera realmente aclarar todas las circunstancias relevantes desde el punto de vista de la graduación de la pena con arreglo al § 46 del Código Penal, necesitaríamos un procedimiento de investigación completamente nuevo y reestructurado. En este ámbito existen todavía tareas reformistas extraordinariamente importantes.

Es evidente que las modificaciones aportadas al derecho material exigen con frecuencia las del derecho procesal. Así, la introducción, en 1933, de las medidas de seguridad y corrección, hizo necesaria la de los § 126*a y* 413 y ss. de la Ordenanza Procesal Penal. La modificación del derecho penal político reformó esta Ordenanza (en los § 153 y ss.) y la reforma de la confiscación por medio de la Ley de introducción a la ley sobre infracciones al orden modificó las disposiciones procesales sobre la confiscación (§ 430 y ss.), etc.

Precisamente en razón de esta estrecha correlación entre derecho penal material y procesal, entre punibilidad y perseguibilidad (¿para qué sirve aquélla si ésta falta?), también es útil, e incluso, a mi entender, es justo someter los presupuestos de una y otra a las mismas *condiciones de protección.* Así, he exigido siempre que se extienda el principio *in dubio pro reo* no solamente a los hechos que son importantes para la cuestión de la punibilidad, sino también a aquellos que tienen relevancia respecto de la cuestión de la perseguibilidad (*Tratado,* § 14, I, 1, *c).*

El Tribunal Supremo de la Zona Británica no aplicó este principio a los presupuestos procesales, y esto tuvo como con secuencia, si la situación *no* era clara, una decisión desfavorable para el acusado. Pero la inseguridad acerca del comienzo de la prescripción se debe considerar como la inseguridad respecto de la realización del tipo o de la justificación. Al autor solo le interesa saber si será penado o no. Para él es indiferente, en la gran mayoría de los casos, si él no es punible o no es perseguible.

También la *prohibición de la retroactividad* debería extenderse, más allá del texto del art. 103, párr. 2, de la Ley Fundamental, a la *reformatio in peius* en el ámbito de los presupuestos procesales (ya se ha hablado al respecto). Dicha disposición se refiere a la protección contra el arbitrio *ex post* (y no o no más al «riesgo calculado»); ver Baumann, *Aufstand des schlechten Gewissens,* cit. Lamentablemente, existen de momento, al parecer, pocas perspectivas para que la práctica jurídica adopte este punto de vista. La opinión dominante se aferra al texto del art. 103 y a su historia, sin darse cuenta de cómo se debilita de esta manera el criterio de la protección contra el arbitrio.

Por muy importante que sea la correlación (y la necesaria colaboración) entre derecho penal material y procesal, no se debe pasar por alto que también entre los *distintos derechos procesales* existe una estrecha *afinidad.* A todos les incumbe el mismo cometido, que es el de realizar el derecho material (ver lo que ya se ha dicho sobre este punto). Y todos deben solucionar los mismos problemas o, por lo menos, problemas similares, y los conflictos de intereses. Así, son problemas que se encuentran en todos los procedimientos, el curso del procedimiento, la realización del juicio oral, la citación de testigos y peritos, la introducción de medios de prueba en el proceso, la apreciación de la recepción de la prueba, la toma de posición por las «partes» en el proceso *(cum grano salis)* sobre el resultado de la prueba, etc. En el pasado, esta correlación de los derechos procesales no ha sido debidamente atendida. Se han tenido en cuenta desarrollos especiales de los distintos derechos procesales sin examinar correctamente si este desarrollo especial era realmente necesario, teniendo presente el derecho material a realizar.

Wilhelm Sauer ha ofrecido, con sus fundamentos del derecho procesal (2ª edición, 1929), la última gran ojeada de conjunto sobre el derecho procesal civil y penal. Desde entonces faltan grandes trabajos de derecho procesal comparado y también desde entonces no se advierte un serio empeño en estudiar por separado la evolución de los derechos procesales (un cierto impulso en esta dirección lo dio el congreso de derecho procesal civil realizado en Bingen en 1956; también se lo notó en Erlangen en 1972, pero aquí el derecho procesal penal fue excluido, lamentablemente, de la tan deseada unificación de los derechos procesales). Incluso tarda en aparecer la recapitulación de los tres derechos procesales administrativos (la ordenanza judicial administrativa, la ley sobre la justicia social y la ordenanza sobre la justicia financiera). Debe exigirse que sean tratadas de la misma manera las cuestiones que pueden considerarse y regularse del mismo modo. Únicamente pueden admitirse divergencias cuando el derecho material a realizar (derecho civil o penal o administrativo) toma necesaria una regulación especial en el proceso.

Ejemplos-. La citación de testigos podría regularse en todos los derechos procesales de la misma manera. Pero ciertas divergencias pueden advertirse, por ejemplo, respecto del derecho a abstenerse de prestar testimonio (cuanto más importante el derecho material a realizar, tanto más limitado el catálogo de las causas de abstención). Se pueden y se deben regular en forma muy dispar los plazos, aquí sobre todo los plazos de los recursos. Un procedimiento que exige una decisión rápida (como el procedimiento penal) debe disponer, para los recursos, de plazos más breves que, por ejemplo, un proceso civil. Grunsky *(Grundlagen des Verfahrensrechts* [Fundamentos del derecho procesal], 2ª ed., 1974) ofrece un cuadro de conjunto (pero el derecho penal está excluido).

Sería erróneo, por cierto, ver en el derecho procesal penal —derecho penal formal— algo *simplemente formal y técnico-jurídico.* No se trata únicamente de dominar problemas técnicos (como, verbigracia, la introducción en el proceso de un medio de prueba); además, también las disposiciones que solo aparentemente son técnicas, se hallan a menudo en una relación valorativa. En el prólogo a la primera edición de su *Tratado,* Henkel ha afirmado con razón que el derecho procesal penal es «derecho constitucional aplicado». Esta definición no puede aplicarse a todas las normas, pero es cierto que el derecho constitucional asoma con frecuencia incluso en disposiciones orientadas especialmente en sentido técnico-jurídico y procesal económico y que un principio constitucional determina la solución de un problema técnico-jurídico. También para la *interpretación* del derecho procesal penal tienen importancia las decisiones fundamentales de la Constitución (la llamada interpretación acorde con la Constitución). Entre las varias soluciones posibles, debe darse la preferencia a la que corresponde mejor a nuestro pensamiento constitucional.

Ejemplos: Cuanto *más liberales son* una constitución y una concepción del Estado, tanto más se fortalecerán la protección del acusado y los derechos de la defensa. Cuanto *más democrática* es una constitución, tanto más dará ésta importancia a la publicidad (publicidad del debate y participación de los jueces legos). Una mirada a la historia de nuestro derecho procesal penal y, sobre todo, a la recepción del derecho procesal francés (ver el *n°* 2), muestra cuánto repercuten sobre el derecho procesal los vuelcos políticos y los cambios de la concepción fundamental. No se exagera si se afirma que nuestro derecho procesal penal en vigor es el fruto de la Revolución Francesa.

2. La Ordenanza Procesal Penal de 1877

Si se quiere comprender la esencia de nuestro derecho procesal penal, es recomendable seguir dos caminos. Por un camino, se debería tener presente los *principios* de nuestro procedimiento penal, comparándolos con los principios de otros derechos procesales (por ejemplo, de antiguos derechos procesales alemanes o extranjeros o de otros derechos procesales alemanes, v.gr., del derecho procesal civil). Por el otro camino, se debería estudiar cómo se ha formado nuestro derecho procesal penal actual, pudiéndose entonces comprender a fondo la situación histórica de este momento referente a nuestro derecho procesal (y también, simultáneamente, su relatividad histórica). El primer camino será recorrido a continuación en el capítulo 2, juntamente, en ocasiones, con ojeadas marginales. En cambio, es imposible ofrecer aquí un resumen histórico. Hacerlo, daría lugar a irregularidades y cercenamientos que causarían más daño que utilidad. Se debe remitir aquí, como ya se ha hecho, a la excelente exposición de E. Schmidt, *Geschichte der deutschen Strafrechtspflege,* cit.

Para una ojeada histórica, también es recomendable el *Tratado* de Henkel (§ 3 a 13). La referencia histórica es insignificante en el *Tratado* de Peters (§ 11). Los libros de estudio de Kern y E. Schmidt solo contienen breves datos, útiles para la comprensión; en Gossel y Zipf falta incluso esto. En cambio, en Kern-Roxin se ofrece, en los § 70 y ss., un resumen instructivo (precedido por un muy buen croquis). Entre los tratados más antiguos, el de v. Hippel contiene una buena ojeada de conjunto histórica (especialmente sobre la evolución a partir de 1877).

Si se quiere caracterizar la esencia especial de nuestro derecho procesal penal en vigor breve y acabadamente, se hará referencia al derecho que ha sido sustituido por nuestra Ordenanza Procesal Penal. Ésta ha unificado las leyes procesales particulares surgidas alrededor de 1850 y las ha reemplazado por el derecho del Reich. Ya estas leyes particulares de los Estados alemanes fueron un fruto de la Revolución Francesa y, en gran parte, imitaciones del «Code d'Instruction Criminelle» de 1808. Esta ley, que se impuso en primer término en Renania, dio lugar, poco a poco, nuevamente impulsada sobre todo por los sucesos de 1848 (¡ver la Ordenanza Procesal Penal prusiana de 1849!), a la derogación del proceso inquisitivo del derecho común con sus principios de secreto, escritura, exclusión de los jueces legos, etc. Así, los principios de publicidad y oralidad fueron postulados políticos de la Revolución Francesa. También fue un postulado *político,* y no técnico-jurídico, la adopción, influida por el derecho inglés, del tribunal de jurados en 1791 en Francia. La supresión del principio inquisitivo en sentido estricto, según el cual el juez era, simultáneamente, quien guiaba la investigación, fue una exigencia política. En consecuencia, la declaración de los derechos humanos de 1789 puede considerarse como el fundamento de los derechos procesales surgidos alrededor de 1850 y codificados por el Reich en 1877. Lafayette y la Asamblea Nacional francesa ¿pueden considerarse como fundadores del nuevo derecho procesal penal alemán? Un poco. El camino había sido preparado por el Iluminismo y el liberalismo político. Los «Derechos fundamentales del pueblo alemán», obra de la Asamblea Nacional realizada en Francfort, surtieron efecto en las distintas constituciones de los Estados, en las cuales se exigieron exactamente los principios fundamentales (que se expondrán en el capítulo 2): publicidad, oralidad, principio acusatorio, derecho a ser oído, protección contra el arbitrio, supresión de la justicia de gabinete, etc.

La Ordenanza Procesal Penal, que figuraba entre las cuatro leyes de justicia del Reich de 1877 (también la ley de organización judicial, la Ordenanza Procesal Civil y la ordenanza sobre los concursos), solo se propuso realizar la unificación jurídica del Reich. La ley fue aprobada por el *Reichstag* el 21/12/1876, promulgada el 1/2/1877 y puesta en vigor el 1/10/1879. Pronto se hicieron *modificaciones,* también relacionadas con el núcleo de las regulaciones y con la esencia de nuestro derecho procesal. Así, hay que mencionar la separación, que comenzó en 1923, del *procedimiento para los menores* en la ley sobre tribunales para menores, que se liberó cada vez más de formalidades y de este modo se ajustó mejor a la juventud y se hizo más eficaz en el aspecto pedagógico. Profundas modificaciones también produjo la llamada *reforma de Emminger* de 1924, que de ninguna manera sirvió únicamente a la simplificación y al ahorro de gastos. Así, dicha reforma conservó en el tribunal de jurados tan solo el nombre y eliminó la votación aislada de los jurados sobre la cuestión de la culpabilidad (desde entonces también rige para el tribunal de jurados, hoy Cámara de jurados, prácticamente, el principio del tribunal de escabinos según el cual los jueces letrados y legos votan en común todas las cuestiones). También fue ampliada considerablemente la competencia de los tribunales inferiores y, precisamente, a costa de la Gran Cámara en lo Penal (que estaba integrada por 5 jueces letrados y constituía, en cierto modo, la columna vertebral de la administración de justicia penal). La ley del 27/12/1926 agravó las disposiciones sobre la prisión preventiva.

La supresión, llevada a cabo en la *época nacionalsocialista,* de la independencia judicial, la realización del principio del «Führer» (eliminando el *«Presidium»),* la simplificación del procedimiento y la reducción de los recursos fueron dejadas sin efecto después de la guerra. Siguieron rigiendo, empero, las modificaciones necesarias al introducirse en el derecho penal, en 1933, la «segunda vía» (ver lo que ya se ha dicho en el nº I, 2, *a).* Después de la guerra, tuvo que redactarse de nuevo el derecho procesal penal en razón de la dispersión e inseguridad jurídica que se habían producido en los distintos Estados federados y zonas (la llamada ley de unificación del 12/9/1950). Fue importante la introducción del § 136*a* de la Ordenanza Procesal Penal (prohibición de métodos inadmisibles del interrogatorio), una consecuencia de las experiencias nacionalsocialistas. Entre tanto, se dictaron numerosas leyes modificatorias. La llamada *Pequeña Reforma procesal penal* del 19/12/1964 significó una importante reestructuración de la posición del acusado y del defensor. No modificó sobre todo la esencia de nuestro derecho procesal, pero lo trasformó considerablemente dando una nueva redacción a numerosas disposiciones que se habían manifestado como excesivamente limitadoras de los derechos del defensor y del acusado (en especial las disposiciones sobre los interrogatorios y la recusación de los jueces se habían mostrado como disposiciones autoritarias, de la autoridad estatal o policial). Hoy ya no se puede hablar de igualdad de armas entre imputado y ministerio público, sino de una relación equilibrada entre derechos y deberes de ambos. Este proceso otorga igualdad de posibilidades *y* también hace viable el control democrático: una regulación firme del Estado de derecho que puede definirse, en general, como un derecho procesal moderno y acorde con la época, de buena efectividad respecto de la persecución del delito y del hallazgo de la verdad (en este sentido, mejor que el proceso angloamericano).

Como ya se ha dicho en el *n°* 1, *a,* el legislador de los años 70, impresionado sobre todo por el abuso ocasional de la posición del defensor (¡un máximo de 30 abogados sobre 30.000!), limitó hasta cierto punto esa posición jurídica. Debe mencionarse la posibilidad, introducida por ley del 20/12/1974 y ampliada en 1978, de excluir defensores sospechosos (§ 138j) y especialmente la ley llamada de prohibición de contactos* de 1977, que sigo considerando como inútil y perjudicial: excluir a un defensor sospechoso de complicidad es más oportuno que dejarlo en el procedimiento (por ello, también la recomendación de reducir el umbral de la sospecha), mutilándole su posición jurídica. ¿Qué puede hacer todavía como defensor? No se trata tan solo, precisamente, de criterios de seguridad; también de éstos se trata, pero, además, de «*fair trial*» y de efectividad de la defensa. ¡Un defensor sospechoso no es un defensor efectivo!

La ley del 14/4/1978 también ha ampliado los medios coercitivos de la Ordenanza Procesal Penal, sobre todo respecto de crímenes terroristas violentos y la lucha contra ellos (registro, servicio de identificación, comprobación de la identidad).

Si estas reformas constituyeron una intervención puntual en la estructura del derecho procesal penal, la llamada ley de reformas del procedimiento penal de 1979 significó una profunda trasformación del procedimiento principal de primera instancia. Sobre todo debía facilitarse la tramitación del gran procedimiento. En el punto central de la ley se hallan el empeño en simplificar el procedimiento (que se obtuvo, ciertamente, con un debilitamiento no indiferente de algunos principios procesales) y medidas contra el abuso de facultades procesales. Además, fue ampliado el ámbito de aplicación de los § 154 y 154a de la Ordenanza.

Es comprensible que, al llegar a este punto, nosotros no podamos descansar. En la actualidad, la discusión sobre la reforma comprende los recursos, la estructura judicial y el interlocutorio sobre la culpabilidad. El derecho se trasforma *siempre* y también la esencia de nuestro derecho procesal se modifica en for

ma imperceptible pero incesante. Cada interpretación más acertada y que corresponda en mayor medida al Estado de derecho, representa un paso hacia adelante, así como una nueva ley que concuerde con este principio. ¡La reforma del derecho y también del derecho procesal penal no se acaba nunca!

III. Síntesis

Las normas del derecho procesal penal regulan el procedimiento para determinar y realizar la pretensión penal estatal. El derecho penal material se realiza en el proceso penal y (no así en el ámbito del derecho civil) *solamente* en él. En un procedimiento ordenado, la determinación de la consecuencia jurídica de un hecho punible solo la puede realizar el juez (un sujeto procesal).

La regulación legal del derecho procesal penal se halla en la ley orgánica del Poder Judicial, en la Ordenanza Procesal Penal, en la ley sobre tribunales para menores, en numerosas leyes accesorias y, en parte, también, en el Código Penal. La separación del derecho penal material no está realizada claramente en las fuentes legales (regulaciones procesales en el Código Penal, manifestaciones con doble naturaleza).

Derecho penal es también deber penal del Estado (deber de impartir justicia). No queda librado al criterio de los órganos de persecución penal estatal actuar o no. La pretensión penal de derecho público (que no le corresponde al lesionado) no

* Incomunicación.

es libremente disponible para quien ha sido lesionado por el hecho punible, ni para la comunidad jurídica (no así la pretensión del derecho civil). Por ello, rigen para el procedimiento penal principios especiales (y no, como en el proceso civil, máximas de negociación y de disposición). No se trata tan solo en el proceso penal, ciertamente, de la pretensión penal del Estado en sentido estricto, sino también, por ejemplo, del procedimiento para la imposición de medidas de corrección y seguridad y de los procedimientos de secuestro y de adhesión (para el resarcimiento del lesionado).

En el proceso penal, el derecho penal material no se realiza «de cualquier manera», sino únicamente en la forma prescrita por la Ordenanza Procesal Penal, Cada disposición de la Ordenanza deja sin efecto el principio según el cual el fin superior (la persecución penal) justifica los medios. De ahí que la coerción estatal no se deba emplear porque sería oportuna y llevaría al esclarecimiento del delito, sino únicamente cuando la Ordenanza Procesal Penal la autoriza especialmente. El derecho procesal penal se caracteriza por la relación conflictiva entre el interés de la comunidad jurídica en la persecución penal y los intereses de los ciudadanos (incluso de los sospechosos de la comisión de un hecho punible) en sus derechos a la libertad. Este conflicto de intereses debe ser solucionado en cada grado del procedimiento en forma particular (regulando siempre de manera especial los derechos y deberes de quienes participan en el proceso).

El derecho procesal penal es una parte del derecho público: se trata de tareas colectivas e impera la desigualdad en la situación jurídica de las partes. El tribunal y el imputado no tienen la misma categoría. Incluso el ministerio público es un órgano estatal de persecución penal especial (no tiene un nuevo papel de parte, por no existir igualdad de tareas y de medios).

El derecho procesal penal es derecho de procedimiento y de realización del derecho. El procedimiento penal avanza por distintos grados procesales (procedimiento preliminar, intermedio y principal), sirviendo cada uno de ellos a un fin especial (trabajo de investigación, protección contra un debate innecesario, decisión). Por realizar el derecho penal material, el derecho procesal penal tiene, frente a éste, función auxiliar. Tiene que servir los fines del derecho penal material y ser concebido, por consiguiente, en vista de ello. Al lado de esta afinidad con el derecho penal material, también existe una afinidad con los demás derechos procesales. Muchos problemas a que da lugar la realización del derecho podrían solucionarse del mismo modo en las leyes procesales. Solo debería haber diferencias cuando éstas sean necesarias por la peculiaridad del derecho material a realizar.

La Ordenanza Procesal Penal de 1877 es un fruto tardío de la Revolución Francesa. Como derecho del Reich, ha dado forma legal a los ordenamientos procesales, muy influidos por el derecho procesal francés, que habían surgido alrededor de 1850 en los Estados federados alemanes. La recepción del derecho francés había abrogado en Alemania el proceso inquisitivo del derecho común que dominaba desde 1500 y satisfecho las exigencias de la supresión del principio inquisitivo, y de la imposición de la oralidad y publicidad del juicio, de una protección jurídica mejor y de la participación de jueces legos.

La tendencia de ampliar la posición jurídica del imputado y de su defensor y darles garantías aún mejores de protección jurídica, se extendió hasta 1968. Los abusos cometidos por los defensores frenaron (lamentablemente) esta evolución.

Las discusiones sobre la reforma abarcan el nuevo ordenamiento de las instancias y de los recursos y la introducción del interlocutorio sobre la culpabilidad (división del procedimiento en procedimiento de comprobación de la culpabilidad y en el de graduación de la pena).

CAPÍTULO 2

PRINCIPIOS PROCESALES

Los principios que dominan en nuestro derecho procesal penal en vigor y le dan forma, preceden toda «simple técnica»; también han sido, en gran parte, postulados políticos (derechos a la libertad, liberalismo político; ver al respecto el capítulo 1, II), y ofrecen en cierto modo el «psicograma» de nuestro derecho procesal penal. Ver, además, los «Conceptos fundamentales del proceso civil».

Así, se puede caracterizar al antiguo proceso alemán (anterior a la recepción del derecho romano-canónico) como un proceso entre partes, público y oral, en el cual dominaban el principio acusatorio, el de negociación y la prueba formal. Se podría definir al proceso de la recepción con estas palabras: proceso secreto y escrito, dominado por el principio inquisitivo, sin influencias de partes procesales, con prueba formal atenuada.

Nuestro *derecho procesal en vigor* establece normas respecto de un proceso público y oral en su parte esencial (el debate), con la persecución de oficio de los delitos, con el principio acusatorio, de instrucción y de la libre convicción para la valoración de la prueba.

A continuación se aclararán estas estructuras fundamentales de nuestro derecho procesal en vigor. El caso indicado al comienzo de este libro con la letra *a* ha de servir para una mejor comprensión y esclarecimiento de los principios, en tanto que los casos restantes están destinados a la discusión y a un estudio más profundo (debiéndose elaborar la solución propia sobre la base de decisiones del Tribunal Federal).

1. Principio de oficialidad

Caso:

E 1, *E* 2 y *E* 3 fueron gravemente perjudicados por el gran estafador *T. D se* encoleriza porque no se ha llevado a cabo hasta ese momento la persecución penal de *T.* Resuelve hacerse cargo él mismo del asunto y presenta la acusación a la Gran Cámara Penal de *O.*

a) Por principio de oficialidad (que no se debe confundir con el del impulso oficial; ver a este respecto lo que se dice en el n° 8), entendemos el principio según el cual la persecución penal es *promovida por órganos del Estado.* En el derecho procesal penal alemán este principio no ha regido siempre. En el antiguo derecho procesal alemán solamente el lesionado estaba facultado para promover la acción y en el antiguo derecho romano, cualquier ciudadano (*quivis ex populo*, acción popular). También en el derecho procesal canónico existieron durante mucho tiempo tales manifestaciones además de la persecución del delito de parte del tribunal. Solamente el proceso de la recepción hizo retroceder el principio acusatorio y persiguió el delito de oficio.

Examínese si el principio de oficialidad se relaciona con el deber de impartir justicia (ver lo que se ha dicho en el capítulo 1, I, 2, *a*). Se expresan en sentido afirmativo E. Schmidt (*Libro de estudio*, § 14, nota marginal 99), y Peters (*Tratado*, § 16, I). No estoy de acuerdo, porque también en el antiguo derecho procesal existía el deber de impartir justicia.

Desde el año 1500, aproximadamente, tenemos en la práctica en nuestro ámbito jurídico, hasta el año 1850, aproximadamente, el principio de oficialidad junto con el inquisitivo (ninguna separación entre órganos de persecución penal investigadores y decisorios). El principio inquisitivo desapareció con la recepción del derecho procesal francés, en tanto que el de oficialidad se mantuvo. Y con razón, ya que hoy es natural para nosotros que la cuestión de la persecución de los hechos punibles no quede librada a la discreción del lesionado o incluso al compromiso, existente o no, de cualquier ciudadano (delitos como perturbación de la comunidad; ver Henkel, *Tratado*, § 21, I). Nuestra persecución penal recorrió el camino de la venganza o del arbitrio con excesiva ligereza y son demasiado graves las consecuencias jurídicas que pueden imponerse contra el ciudadano. Además, no se tendría la garantía, por cierto, de que las investigaciones se llevarían en forma debida y correcta, con la necesaria firmeza, pero, al mismo tiempo, con la mayor moderación posible (respecto de la pena privativa de libertad).

En el *derecho procesal civil* rigen las máximas de negociación y de disposición (que no se agotan, ciertamente, en un contraste con el principio de oficialidad). Las partes y sobre todo el querellante tienen libertad para llevar su litigio al tribunal, el querellante la libertad para perseguir su pretensión. El principio según el cual «si no hay un querellante, tampoco hay un juez» vale aún hoy para la realización de pretensiones civiles. Esto es también consecuente. Casi nunca existe un interés público en la realización de estas pretensiones. Si el acreedor no está obligado civilmente para hacer valer su pretensión (inactividad, ofrecimiento de contrato de remisión, renuncia), es absurdo promover un proceso civil de oficio.

El principio de oficialidad se encuentra en el § 152, párr. 1, de la Ordenanza Procesal Penal (en el párr. 2, el de legalidad; ver lo que se dice en el nº 3). Si existen indicios suficientes para admitir una acción punible y perseguible, el ministerio público *actuará de oficio*. No es necesario que el lesionado o un ciudadano lo impulse. Las denuncias (con arreglo al § 158, párr. 1) son posibles, pero no necesarias. El hallazgo de un cadáver (ver al respecto los § 159 y 87 y ss.), la aparición de dinero falso, el informe sobre un hecho punible en la prensa, etc., dan lugar a la actividad del ministerio público y de la policía. De este deber de la persecución de oficio, se infiere la *tarea investigadora* del ministerio público (en el § 160) y de la policía (en el § 163). Según el § 161, 2ª parte, las autoridades y los funcionarios policiales están obligados a satisfacer el requerimiento del ministerio público. Pero también deben actuar por sí (§ 163), correspondiendo la ulterior decisión al ministerio público (§ 163, párr. 2).

Por tanto, no le incumbe al lesionado reunir las pruebas y esclarecer la situación. También la promoción de la acción solo le concierne, conforme al § 152, párr.

1, al ministerio público. En los asuntos penales *no* existe una jurisdicción privada (ver el § 15 de la ley de organización judicial, ya derogado).

Por consiguiente, en el *caso* de que se trata, son competentes, para la investigación y la persecución penal, el ministerio público y la policía. Ni los lesionados *E* 1-3 ni *D* disponen de un mandato de investigación y de persecución penal. Pueden, por cierto, formular denuncias. Pero, incluso, si se niegan expresamente, se llevará a cabo la persecución penal tan pronto como la policía o el ministerio público se enteren, de alguna manera, del hecho punible. De ahí que la acusación de *D* pueda considerarse, de todos modos, como una denuncia según el § 158, párr. 1. El tribunal la remitirá al ministerio público y éste y la policía harán constar las averiguaciones según los § 160 y 163 de la Ordenanza Procesal Penal.

b) El principio de oficialidad *no* rige *ilimitadamente*. Así, se da una cierta excepción en los llamados *delitos perseguibles por instancia*, en los cuales la querella penal del lesionado es presupuesto de la persecución penal.

Si en nuestro *caso* solo existiera un daño doloso frente a *E* 1-3, el hecho cometido por T sería perseguible, conforme al § 303, párr. 3, del Código Penal, únicamente si uno de los lesionados hubiera presentado la querella con arreglo al § 77*b* del Código Penal, en el término de 3 meses. En cuanto a la forma y al destinatario de la querella, ver el § 158, párr., 2, de la Ordenanza Procesal Penal. La persecución penal podrá llegar hasta la sentencia solamente si existe esta declaración procesal de voluntad. No obstante, las investigaciones y los poderes coercitivos son posibles o existen con anterioridad a la presentación de la querella. Precisamente en el procedimiento de investigación ya debe consignarse si se presentará la querella. En lo que se refiere a los poderes coercitivos anteriores a la presentación de la querella, ver los § 127, párr. 3, y 130 de la Ordenanza Procesal Penal.

En estos delitos perseguibles por querella, que afectan en menor medida a la comunidad jurídica o en los cuales, de no mediar la voluntad del lesionado, no se debe intervenir en las relaciones personales, es necesario el impulso procesal de la persona afectada por el hecho. Por cierto, tan solo el impulso. El procedimiento ulterior es asunto que les incumbe a los órganos estatales de persecución penal.

Otra y más considerable excepción al principio de oficialidad la constituyen los *delitos de acción privada* mencionados en el § 374 de la Ordenanza Procesal Penal. Aquí es necesario, a veces, algo más que el simple impulso del procedimiento penal estatal. A los delitos de acción privada (que no se identifican completamente con los delitos perseguibles por instancia; ver, por un lado, los § 255 a 257 del Código Penal y, por el otro, el § 241 del mismo Código) el ministerio público los persigue solamente si ello concierne al interés público, § 376 (por ejemplo, una denuncia anónima en la cual la víctima no está en condiciones de descubrir al autor). Si no es así, el lesionado tendrá que recurrir al camino (espinoso) de la acción privada. Él mismo deberá entonces investigar, reunir las pruebas y promover la acción (acción privada en contraposición con la acción pública, § 170). En el procedimiento de acción privada, el acusador privado tiene, por el § 385, la posición del ministerio público, pero no dispone de sus posibilidades (ayuda de la policía) y de sus poderes coercitivos. Por consiguiente, los procedimientos de acción privada no ofrecen perspectivas particularmente favorables. Aquí también rige un principio ampliado de oportunidad, con posibilidad del cierre del procedimiento con arreglo a los § 383, párr. 2, y 390, párr. 5.

En los delitos de acción privada la participación del lesionado en el procedimiento penal está asegurada en muy amplia medida. Incluso si el ministerio público afirma la existencia del interés público e interpone una querella, procura que también el lesionado influya en la marcha del procedimiento. En estos casos, el lesionado tiene la posición de un *acusador conjunto* conforme a los § 395 y ss.

En el *caso* del cual se parte (estafa) no hay un delito de acción privada. Aquí solo corresponde la acción pública interpuesta y proseguida por el ministerio público. En cambio, modificando el caso (daño), no hay únicamente un delito perseguible por instancia, sino también un delito de acción privada con arreglo al § 374, párr. 1, nº 6. El ministerio público solo promoverá la acción pública si la instancia ha sido presentada y existe un interés público en la persecución penal de T. De no ser así, *E* 1, 2 y 3 pueden promover la acción privada (en forma independiente, § 375). Si durante el procedimiento correspondiente se comprueba un interés público, el ministerio público podrá, conforme al § 377, párr. 2, asumir nuevamente la persecución. Entonces, E 1-3 participarán en el procedimiento, según el § 377, párr. 3, como acusadores conjuntos (lo mismo, si el ministerio público hubiera afirmado desde el principio la existencia del interés público, § 395). Ver más datos al respecto en el capítulo 3, V.

2. Principio acusatorio

Casos:

a) El juez *J* realiza en un pequeño juzgado municipal una investigación. ¿Es admisible? A continuación, *J* quiere hacerse cargo él mismo del proceso. Abre el procedimiento principal y quiere decidir. ¿Es admisible? El defensor del acusado estima que existe, por lo menos, parcialidad y recusa al juez. ¿Es posible?

b) *A* fue acusado de aborto. En el debate resulta que el niño había nacido con vida en el octavo mes, que estaba en condiciones de vivir y que *A* lo había matado. El tribunal procede con arreglo al § 265 de la Ordenanza Procesal Penal y condena a *A* sobre la base del § 217 del Código Penal. A entiende que falta la acusación.

a) Por principio acusatorio se entiende el principio según el cual no ha de ser la misma persona quien realice las averiguaciones y decida después al respecto. Tenemos una persecución de oficio del delito (ver lo que se ha dicho en el nº 1, *a)*, pero con *división de los roles*. Esto no ocurría en el proceso inquisitivo del derecho común. Aquí, al realizarse la persecución de oficio del delito frente a la antigua situación jurídica, el juez lamentablemente guiaba al mismo tiempo la investigación y juzgaba. Es evidente que con estas tareas era particularmente considerable para el juez (que tenía que investigar en la «infamia» o en la sospecha de una acción punible) el *peligro de ser parcial*. El que había reunido las pruebas, solo raras veces estaba en condiciones de apreciar su resultado en forma imparcial.

La división de los roles de los órganos estatales de persecución penal (el ministerio público averigua y acusa; el juez juzga) es un fruto del derecho procesal francés. Esta división de los roles no impide tan solo la parcialidad del juez, sino que también suprime la necesaria posición de objeto del acusado en el derecho procesal común. La circunstancia de que el acusado enfrente a alguien que se le opone (el ministerio público) da mayor libertad a su posición jurídica. Ya no es simple objeto de una *inquisitio* por el juez omnipotente a quien debe guardarse de atacar, sino un sujeto procesal y un contrincante del fiscal, contra el cual puede arremeter enérgicamente, sin temer los inconvenientes y la parcialidad del juez. Así, el rol del juez se aproxima nuevamente, más o menos, al del «árbitro» del antiguo derecho procesal alemán (¡pero solamente más o menos! El mismo juez está sometido de nuevo al principio de instrucción; ver el n° 4).

El principio acusatorio se encuentra en los § 151 y 152, párr. 1, de la Ordenanza Procesal Penal. El § 151 determina que una instrucción jurisdiccional tiene lugar solamente si ha sido interpuesta una acción (pública o privada; ver el n° 1, *b)* y el § 152, párr. 1, que la promoción de la acción pública le concierne al ministerio público (la acción privada del § 374 es una excepción al § 152, párr. 1, y no al § 151).

En el *caso «a»* falta la promoción de la acción del ministerio público competente. El procedimiento adolece de un grave defecto y se lo debe cerrar sin que se necesite una consideración (naturalmente exacta) sobre su parcialidad. Si *J* hubiera sido fiscal y hubiera realizado como tal las indagaciones y promovido la acción, sería *iudex inhabilis* según el § 22, n° 4, de la Ordenanza Procesal Penal. Conforme al § 23, también estaría excluido el juez que haya concurrido a pronunciar una decisión de una instancia anterior, si se interponen recursos y el juez tiene que atender una instancia de recurso. Si estos jueces no proceden con arreglo al § 30, pueden ser recusados según el § 24, párr. 1.

En cuanto al *caso «b»*, ver la sentencia 13, 21, del Tribunal Federal (el concepto de hecho vale también para el § 266 de la Ordenanza Procesal Penal).

b) El principio contenido en los § 151 y 152 sería insuficiente a los fines de la división de los roles si no se agregaran otras disposiciones que aseguren una *neta separación* entre ministerio público y tribunal. La *posición del ministerio público* está regulada en los § 141 y ss. de la ley de organización judicial. El ministerio público es una autoridad organizada en forma jerárquica provista de poder de dirección (llamado externo) del ministro de Justicia del Estado federado a los fiscales generales (en el tribunal territorial), de poder de dirección (interno) de los fiscales generales a los fiscales de los tribunales territoriales (fiscales directores en los tribunales de los Estados federados) y poder de dirección de los fiscales de los tribunales territoriales a los distintos fiscales y fiscales de los juzgados municipales; ver el § 146 de la ley de organización judicial. En la fiscalía federal existe, según el § 147, un poder de dirección del ministro de Justicia federal. Existen, además, con arreglo al § 145, facultades de devolución y de sustitución que garantizan que el fiscal solo represente en el proceso lo que ordena el fiscal general (como representante del cual el fiscal actúa, § 144).

Se debe tener presente que el *poder de dictar instrucciones* solo se utiliza muy raras veces. Los fiscales no están exentos de este poder como lo están los jueces y consienten que los superiores intervengan únicamente en casos realmente importantes. Esta conciencia de los fiscales fue demostrada sobre todo en el Congreso de juristas de Karlsruhe (45, 1964), en el cual la mayor parte de los fiscales presentes rechazó incluso su sujeción a la jurisprudencia firme del Tribunal Federal (esto es importante en el ámbito del principio de legalidad); ver el n° 3, *a*. Además, hay que recordar que la actuación procesal de un fiscal que, al apartarse de la orden, por ejemplo, promueve la acción pública, es válida. En consecuencia, la subordinación a una orden surte efecto solamente en la «relación interna» de la autoridad.

Los anhelos reformistas tienden a fortalecer la independencia de los fiscales, sin que desaparezca el poder de dirección. Incluso el poder de dirección externo (frecuentemente discutido) ha de subsistir, pero con una regulación legal más detallada.

Las disposiciones de la ley de organización judicial cuidan de una separación firme entre ministerio público y tribunal; ver el § 150. Los fiscales no deben ocuparse (tampoco transitoriamente) de funciones judiciales, § 151. Ningún juez puede realizar una inspección respecto de los fiscales y ningún fiscal puede realizarla respecto de los jueces, § 4 de la ley sobre jueces alemanes y § 147 y 151 de la ley de organización judicial. Esto vale por más que el juez y el ministerio público tengan la misma preparación (§ 122 de la ley alemana sobre jueces), aun cuando podría ser de por sí razonable un traslado personal (verbigracia, en caso de especial necesidad). El § 22, nº 4, de la Ordenanza Procesal Penal protege contra el cambio posterior de un rol (ver la sentencia 9, 193, del Tribunal Federal).

El ministerio público es *«señor de la investigación»*. Con arreglo al § 160 de la Ordenanza Procesal Penal, tiene que averiguar los hechos con la ayuda de la policía (§ 163), frente a la cual el ministerio público tiene un poder de dirección (§ 161, 2ª frase). Concluida la investigación, se clausura el procedimiento o se promueve la acción pública (§ 170). El juez actúa, por regla general, solamente en este momento. Decide la apertura del debate y lo dirige; éste concluye con la sentencia judicial. En el procedimiento intermedio (decisión sobre la apertura del debate) y en el debate (preparación de éste y debate), el ministerio público está más impulsado hacia un «rol de parte». Aquí, está privado de su poder en favor de una situación jurídica paritaria del imputado. Señor de estos trozos procesales es el juez.

En el *caso «a»*, el juez nada tiene que buscar en la investigación. Aquí, él solo puede actuar como fiscal de emergencia (§ 165) o a pedido del ministerio público (§ 162). En nuestro caso (pequeño juzgado municipal sin fiscalía), *J* debía averiguar, con arreglo al § 165, si un fiscal no era asequible (en el juzgado provincial) y si debía temerse la pérdida de las pruebas. Según el § 166, también debía tomar declaración si existían los presupuestos correspondientes (requerimiento del imputado, relevancia, temor de la pérdida de las pruebas o fundamentación de la liberación). De todos modos, *J* tenía que remitir después los autos al ministerio público, § 167. Éste prosigue la investigación conforme a su criterio (y no sobre la base de instrucciones judiciales). Si cierra el procedimiento con arreglo al § 170 o a los § 153 y ss., *J* no puede emprender nada.

La Ordenanza Procesal Penal alemana ha procurado estructurar muy firmemente la posición del ministerio público. Éste no dispone, por cierto, de las facultades del tribunal, pero no tiene la misma categoría del imputado. Esto significa que en el derecho procesal penal en vigor no tenemos un *proceso entre partes* (como, por ejemplo, en el proceso civil actual o en el antiguo proceso penal alemán); ver lo que se ha dicho en el capítulo 1, II, 1, *a*. Después de 1945, se trató enérgicamente de reorganizar el proceso penal alemán adaptándolo al proceso norteamericano en cuanto al proceso entre partes. Esto habría significado, ciertamente, algunas ventajas: el debilitamiento de la posición del ministerio público habría fortalecido la del imputado y de la defensa. El fiscal y el defensor lucharían entonces ante un tribunal que no intervendría en el suceso; solo desempeñaría en el juicio un rol de árbitro. Otras ventajas seguras del proceso entre partes habrían sido la mayor imparcialidad del tribunal, el menor peligro de que surgiera un sentimiento de solidaridad entre juez y ministerio público (ambos son siempre órganos estatales de persecución penal) y la mayor despreocupación del imputado frente a los ataques del ministerio público.

Los inconvenientes habrían consistido, sin duda, en una menor intensidad en la persecución en caso de procesos «carentes de interés» al debilitarse la posición del ministerio público, en una persecución parcial en caso de procesos «interesantes» en que el fiscal puede exhibir todo su arte para ganar (y no para contribuir a la victoria del derecho material) y en un menor «efecto filtrante» del ministerio público con arreglo al § 170 (en la mayor parte de las investigaciones se clausura el procedimiento). Si se tratara de un «duelo» ante el tribunal, ¿sería ésta la situación? ¿También regirían los mismos principios para la clausura del procedimiento o desempeñaría un papel decisivo el interés del público o el de la propia carrera?

Estas ventajas e inconvenientes deben ponderarse mutuamente. Al proceso penal alemán *actual* no se lo puede llamar, por cierto, un proceso entre partes. El empleo de este concepto sería viable únicamente si existieran entre las partes del proceso los mismos deberes y los mismos derechos. Pero los mismos *deberes* no existen. El imputado no tiene el deber de contribuir a la prueba del hecho punible (§ 136 de la Ordenanza Procesal Penal); el ministerio público debe hacer averiguaciones también en favor del imputado (§ 160, párr. 2), a veces debe clausurar el procedimiento, solicitar la absolución, presentar recursos en favor del imputado (§ 296, párr. 2, y 365), etc. Es órgano de la administración de justicia penal, con la tarea de realizar el derecho material.

Tampoco son iguales las *facultades* y los medios. Detrás del ministerio público está el dispositivo integrado por los funcionarios policiales a cargo de la investigación, y a todos ellos puede exigirles información (§ 161). Y detrás del imputado está su defensor, a lo sumo, tal vez, un policía privado remunerado. No así, por cierto, en todos los grandes procesos penales económicos; ver Baumann en «*Juristenzeitung*», 72, 1 y ss. El ministerio público dispone de poderes coercitivos procesales (por ejemplo, en el registro domiciliario, en la investigación y en el secuestro), mientras el imputado no tiene derechos de esta índole. En esta situación, hablar de un proceso entre partes solo significaría oscurecer esta desigualdad.

Son partidarios del concepto de partes en el derecho procesal penal alemán: v. Hippel, *Lehrbuch,* 1941, ps. 224 y ss.; Beling, *Lehrbuch,* 1925, ps. 123 y ss.; Dohna, *Lehrbuch,* 2ª ed., 1925, ps. 4 y ss. y 47 y ss.; Sauer, *Grundlagen,* 1929, ps. 301 y ss. (306 y ss.), y *Allgemeine Prozessrechtslehre,* 1951, ps. 80-81 y 115 y ss.

Se pronuncian en contra de dicho concepto dentro de las circunstancias descritas y como en el texto: Gerland, *Lehrbuch,* 1927, ps. 11-12; Gössel, p. 39; Henkel, *Lehrbuch,* 2ª ed., 1968, ps. 105 y ss.; Kern-Roxin, *Studienbuch,* § 10, III, 1; Kleinknecht, nota marginal 8, antes del § 141 de la ley de organización judicial; Peters, *Lehrbuch,* 2ª ed., 1966, ps. 8788; Schäfer en Löwe-Rosenberg, Introducción, cap. 9, n. m. 4; E. Schmidt, *Leipziger Kommentar,* I, 2ª ed., 1964, n. m. 105 y ss.; Müller-Sax, en el *Comentario a la Ordenanza Procesal Penal,* 6ª ed., 1966, y Zipf no dan su opinión sobre este punto.

Reflexione ahora el lector acerca de su punto de vista sobre: 1) el empleo del concepto de parte en el derecho en vigor, y 2) el proceso entre partes en el procedimiento penal en general. Anote las ventajas y los inconvenientes pertinentes. Cuando la prensa diaria informa sobre procesos, medite en qué forma se desarrollarían si tuviéramos un simple proceso entre partes, etc.

c) El principio acusatorio contiene, además del principio de la división de los roles, el de que toda actividad judicial *presupone una acusación*. El § 151 declara de manera expresa que si ésta no existe, no habrá sentencia. El tribunal no debe ocuparse de asuntos que no hayan sido objeto de una acusación. No se trata aquí de la parcialidad del juez en caso de que falte la división de los roles, sino de la *protección del imputado* contra «agresiones». Únicamente lo que consta en la acusación y el *objeto del proceso* delineado en ella son objeto de la investigación y de la decisión. Según el § 200, él debe ser determinado en la acusación. Esa acusación debe serle comunicada al imputado (§ 201). El imputado debe fundar su defensa con arreglo a ella. Si la decisión sobre la apertura del debate difiere de la acusación (y por el § 207, párr. 2, esto es posible), debe notificarse no solamente el auto sobre la apertura del debate, sino también la acusación interpuesta con posterioridad, según él (§ 215).

Según el § 264 de la Ordenanza Procesal Penal, solo debe decidirse sobre el objeto del proceso en el debate. En caso de que se incluyan otros hechos, es necesaria una acusación suplementaria (§ 266) (que es admisible solamente con el consentimiento del acusado).

En el *caso «a»*, es evidente que no resulta lesionado únicamente el principio de la división de los roles. También se le quita al imputado la posibilidad de defenderse adecuadamente. Es probable que no sepa por qué debe justificarse y no tenga, por consiguiente, la posibilidad de hallar y nombrar testigos de descargo, de hacerse asesorar en el aspecto jurídico, etc. En este sentido, el principio de que toda persecución penal presupone una acusación determinada, tiene parentesco con el principio según el cual se tiene derecho a ser oído (ver lo que se dice al respecto en el nº 10).

El *caso «b»* muestra claramente la función protectora del § 266.

3. Principio de legalidad

Casos:

a) La señora S se presenta ante el ministerio público *M* quejándose porque su marido la había agredido, la noche anterior, con un cuchillo. *M*, que también está casado, piensa que una vez esto puede ocurrir entre cónyuges y despide a S con palabras de consuelo; después, se pone a leer el diario. Por él se entera de un grave accidente de tránsito, de una pelea en una taberna, de un alboroto y de la actividad de una banda de muchachos que se divierten saqueando quioscos y rompiendo vidrios de negocios. M no piensa ocuparse de estas cosas y, por consiguiente, tampoco se propone informar a la Justicia.

b) El ministerio público P entiende que tampoco la octava ley de reforma del derecho penal ha aclarado suficientemente el derecho penal político. Se niega a promover la acción, aunque la situación de hecho averiguada recaiga, con arreglo a la jurisprudencia firme del Tribunal Federal, bajo un tipo penal.

a) El principio de legalidad es la consecuencia lógica de los principios mencionados hasta ahora. Si la persecución de los delitos debe tener lugar de oficio (principio de oficialidad) y si el juez no ha de hacerse cargo, al mismo tiempo, de la investigación —tarea que se traslada al ministerio público—, debe existir para la actividad de esta autoridad de investigación y acusación, un deber jurídico. Por tanto, por principio de legalidad entendemos aquel principio con arreglo al cual el ministerio público debe aclarar la situación y promover la acción pública. Si así no fuera, ¿cómo podrían llegar ante el tribunal los hechos punibles? (ver el n° 2, *a*).

El principio de legalidad está previsto en el § 152, párr. 2, de la Ordenanza Procesal Penal. Este deber de actuar (completado por el de investigar, § 160) garantiza que los hechos punibles también lleguen a los tribunales y sean juzgados.

En el *caso «a»*, *M* debía obrar sobre la base del § 152, párr. 2. Es imposible aclarar este suceso de otra manera y llegar a una decisión judicial (se da, eventualmente, asesinato tentado). Con su comportamiento, M contribuye a que el derecho del más fuerte prevalezca sobre el derecho penal. M no comete tan solo una falta disciplinaria, sino un favorecimiento en el ejercicio del cargo con arreglo al § 258*a* del Código Penal. Lo mismo si *M* notara que en los hechos punibles narrados por la prensa no se llevaron a cabo las investigaciones policiales (§ 163) (los autos referentes a la investigación se remitirían a continuación al ministerio público, § 163, párr. 2). Puede haber casos-límite (ver Peters, *Lehrkuch,* 1ª ed., p. 133, cit. en la 2ª ed. en p. 144), pero el caso descrito antes, de la esposa agredida con un cuchillo, no es, ciertamente, uno de ellos.

A propósito del *caso «b»*, ver la sentencia 15, 155, del Tribunal Federal, así como los dictámenes y los debates del 45° Congreso de Juristas Alemanes, 1964, y Wagner en el Homenaje a dicho Congreso, ps. 149 y ss.

La importancia que tiene, en la Ordenanza Procesal Penal, el principio de legalidad, está demostrada por la posibilidad de recurrir al procedimiento de acción pública forzosa, con arreglo a los § 172 y ss. Según el § 171, el instante tiene que estar informado acerca del cierre del procedimiento (§ 170) (con indicación de los fundamentos). Si el instante es simultáneamente el lesionado (por el hecho punible), tiene la posibilidad de iniciar el *recurso de queja* contra el cierre del procedimiento. En caso de decisión negativa, el instante lesionado puede apelar a la Sala Penal del *Tribunal Superior.* Ésta decidirá si el ministerio público debe actuar. Si la Sala decide que corresponde promover la acción pública, el ministerio público *deberá* ejecutar esta decisión y promover la acción pública (§ 175). Dado que el legislador desconfía del ministerio público obligado a promover la acción en contra de su voluntad (no se empeñará extraordinariamente en reunir el material de carga), quien gana en el procedimiento de acción forzosa asume la posición de un acusador conjunto (§ 395, párr. 2, n° 2). De esta manera, el lesionado tiene la posibilidad de influir sobre la realización del procedimiento (casi como el ministerio público).

No solamente el denunciante lesionado, sino también el instante lesionado está facultado, según el § 158, párr. 1, a recurrir al procedimiento de acción pública forzosa. El § 158, párr. 1, no concierne a la instancia, que en los delitos perseguibles por instancia es presupuesto procesal (ver al respecto el § 158, párr. 2), sino a la declaración de voluntad procesal de que un hecho sea perseguido. Aunque el hecho punible ya esté en conocimiento del ministerio público, un «pedido de persecución penal» como ése puede ser formulado. La denuncia penal contiene siempre también este pedido.

En el *caso «a»*, denunciante es S. En su denuncia, no se declara únicamente que el hecho es conocido, sino también que se quiere que sea perseguido. Dado que S ha sido lesionada por el hecho cometido por su marido, puede recurrir al procedimiento de acción pública forzosa conforme al § 172. Puede interponer queja formal (en el término de dos semanas). Si el fiscal superior (o quien trabaja el caso) no decide en favor del recurrente, decidirá sobre esta queja el fiscal general. Si esto tampoco da resultado (el fiscal general no imparte la orden al ministerio público ante el tribunal provincial de promover la acción) (esto es viable conforme al § 147, nº 3, de la ley de organización judicial), S podrá solicitar decisión judicial (en el término de un mes, con la firma de un abogado). Ahora decidirá la Sala Penal en el Tribunal Superior estadual, § 172, párr. 4. La Sala Penal pide la remisión de los autos, puede hacer averiguaciones y también oír al querellante, etc.; confr. el § 173. Al lado del procedimiento de acción pública forzosa, también es posible deducir queja a la inspección jerárquica. Una queja formal atrasada debe tratarse como queja a la inspección jerárquica.

b) Una serie de *excepciones* también limita el principio de legalidad. Una aplicación estricta de este principio sería contraria, en muchos casos, al principio de la economía procesal. Si cualquier mínimo delito fuera perseguido en forma intransigente, el poder de la administración de justicia se perdería sin remedio. La persecución penal tendría la apariencia de lo pequeño y de lo inútilmente meticuloso, hechos importantes y socialmente muy perjudiciales no podrían perseguirse con la energía necesaria: de una administración de justicia de esta especie la comunidad jurídica obtendría más daño que utilidad.

Se acostumbra resumir las excepciones al principio de legalidad recurriendo a la expresión genérica *principio de oportunidad.* No es completamente acertada, porque cuando se presentan excepciones, no se trata siempre de oportunidad, sino de intereses y presupuestos jurídicos diferentes (Henkel, *Lehrbuch,* 2ª ed., 1968, § 21, V, 2, se pronuncia, por tanto, en contra de una rígida antítesis y de un principio procesal general). Ver también los comentarios que figuran en el capítulo 1, I, 1, *b.* El principio de legalidad sufre excepciones sobre la base de criterios referidos a la economía procesal; otras señalan tramas jurídico-materiales o pretenden lograr objetivos político-criminales determinados (denuncia de hechos punibles), etc.

Como ya se ha dicho, asumen una posición especial, también dentro del principio de legalidad, los *delitos de acción privada* (ver el nº 1, *b).* Aquí se interpone una acción pública, únicamente si también existe un interés público, § 376. De esta manera, resulta quebrantado el principio de legalidad del § 152, párr. 2. Si se niega la existencia de un interés público, solo le queda al lesionado la posibilidad de la persecución por la vía de la acción privada (el procedimiento de acción pública forzosa ante el tribunal está excluido de manera expresa conforme al § 172, párrs. 2 y 3). Pero también esta acción privada está sujeta a un amplio principio de oportunidad no, por cierto, para el ministerio público, sino para el mismo juez. Con arreglo al § 383, párr. 2, el tribunal, incluso en la instancia de apelación (§ 390, párr. 5), puede cerrar el procedimiento por exigua importancia, si la culpabilidad del autor es ínfima. Entonces, resultado de toda la acción privada es tan solo, a menudo, una especial distribución de las costas conforme al § 471, párr. 3 —una protección en extremo imperfecta de bienes jurídicos protegidos penalmente—.

La mejor solución consistiría en limitar la punibilidad en el derecho material. Así, en los § 137 y ss., el Proyecto alternativo trata de concebir típicamente en forma más limitada los delitos de injuria. En consecuencia, podría meditarse nuevamente acerca de su inclusión en el catálogo del § 374 de la Ordenanza Procesal Penal.

En el *caso «a»*, se da tentativa de asesinato o de homicidio contra S, o sea que no se trata de un delito de acción privada. Como se ha dicho, S dispone del procedimiento de acción pública forzosa. En cambio, en la pelea en la taberna y en los daños ocasionados por los muchachos, se está frente a delitos de acción privada. Si aquí no existe interés público alguno en la persecución penal, los que han sido lesionados en la taberna solo pueden interponer la acción privada. Aunque existiera un delito de acción privada, con arreglo al § 80 de la ley sobre tribunales para menores, puede interponerse contra esos muchachos una acción pública, pero únicamente sobre la base de los presupuestos indicados en el § 80 citado (una acción privada podría importunar el fin educativo del procedimiento referente a los jóvenes).

Preocupa el hecho de que la práctica interprete a menudo en forma muy antojadiza el concepto de *«interés público»* del § 376 de la Ordenanza Procesal Penal. La lesión corporal es un delito de acción privada. En la lesión corporal inferida a un político conocido ¿existe un interés público que dé lugar a la promoción de la acción pública? Por otra parte, reflexiónese que cuando los delitos de lesión corporal y de injuria se convierten por regla en «argumentos» de la lucha política diaria, solo consienten naturalezas de matones para preocuparse del bien común. ¿Cómo se decide? ¿No es necesaria, por lo menos, la persecución de oficio (cuando no la aplicación del catálogo del § 224 del Código Penal: ampliación de las lesiones corporales con consecuencias sociales graves) cuando la lesión corporal (por ej.: en caso de relaciones locativas estrechas) es reiterada y conduce a una marginación social grave (=víctima al borde de la «ley del gallinero»). En Berlín se transitaron aquí caminos nuevos = vigorosa afirmación del interés público.

El principio de oportunidad propiamente dicho se encuentra en los § 153 y ss. de la Ordenanza Procesal Penal. Aquí, el grupo de los asuntos de *bagatela* no cabe en el principio de legalidad. La disposición más importante la contiene el § 153 (introducido en 1924 por la reforma Emminger). El § 153 no admite la persecución de los delitos si la culpabilidad del autor es leve y no existe un interés público en la prosecución (ver acerca del concepto de interés público, lo que ya se ha dicho), únicamente, por cierto, con el consentimiento del tribunal (a la inversa, después de la promoción de la acción: cierre del procedimiento por el tribunal con el consentimiento del ministerio público).

Para las *infracciones al orden* rige el principio de oportunidad previsto en el § 47 de la ley pertinente (en todas ellas la persecución se deja librada al libre criterio, acorde con el deber, de la autoridad administrativa).

Mientras tanto, ya no es necesario el consentimiento del tribunal (§ 153, párrs. 1 y 2) en los casos de *pequeña criminalidad* contra la propiedad y el patrimonio. No obstante, esto solo puede considerarse como una solución de emergencia. Si se lo lograra, mejor sería ampliar más firmemente, ya en el *derecho penal material,* los umbrales del tipo (como intenta hacer, por ejemplo, el Proyecto alternativo). Ya en el ámbito del Código Penal, debería eliminarse lo injusto de bagatela (entonces no serían necesarios tantos «frenos de seguridad» en los § 153 y ss.).

El cierre del procedimiento por el ministerio público *no* tiene *autoridad de cosa juzgada.* El procedimiento puede reanudarse en cualquier momento. El auto del cierre del procedimiento del tribunal (§ 153, párr. 2) no es impugnable y tiene limitada autoridad de cosa juzgada (la reanudación del procedimiento solo es viable si se presentan hechos nuevos los que producen simultáneamente otra calificación jurídica del hecho, según afirma la opinión completamente dominante; en otro sentido y en favor de la autoridad plena de cosa juzgada se pronunció E. Schmidt, pero después este autor se adhirió [en el *Lehrkommentar,* 1ª parte, 2ª ed., n. m. 327] a la teoría y jurisprudencia dominantes).

Dado que el legislador no intentó una solución de derecho material respecto de la *pequeña criminalidad en masa* y no pudieron dominarse estos delitos «normalmente» según la experiencia, ni se quiso, por otro lado, renunciar a toda reacción social, se resucitó, en el § 153*a,* el anterior «procedimiento de sujeción» (suprimido desde hacía tiempo en el derecho penal fiscal). En el grado por encima del § 153 (culpabilidad leve, pero interés público en la persecución), puede suprimirse, por cuasicontrato entre el ministerio público y el imputado, el interés público mediante el cumplimiento de deberes e imposiciones (también el tribunal debe consentir en caso de delitos no patrimoniales antes de la promoción de la acción; a la inversa, después: cierre por el tribunal y consentimiento del ministerio público).

Las ventajas consisten en la tramitación rápida de los delitos en masa más leves, en la economía y en la inexistencia de la mácula de la pena. Los inconvenientes son una vigorosa irrupción en el principio de legalidad, la apariencia del regateo o éste mismo y (en los delitos contra el patrimonio) el excesivo poder de reacción del ministerio público) (estos casos están sustraídos prácticamente a la decisión del tribunal y el ministerio público es «autoridad sancionadora»).

Al § 153 lo complementa el § 153*b:* esta disposición (introducida por la ley modificadora del derecho penal de 1951) consiente el cierre del procedimiento si el tribunal puede prescindir de la pena. Según la opinión dominante, el § 153Z? rige incluso en los casos de declaración de impunidad (§ 199 del Código Penal).

En el *caso «a»,* a los ruidos que perturban la tranquilidad se refieren los § 117 y 47 de la ley sobre infracciones al orden. Respecto de los delitos mencionados en el caso (que no sean delitos de acción privada) rige el § 153, párr. 1.

Además, el principio de oportunidad se aplica (y, precisamente, por razones de economía procesal) a los *hechos accesorios carentes de importancia.* Aquí, el § 154, párr. 1, nº 1, de la Ordenanza Procesal Penal consiente el cierre (provisional) del procedimiento si la pena (o la medida de corrección y seguridad) que el autor debe esperar por el hecho, juntamente con las consecuencias jurídicas relativas a otro hecho, «carece de importancia». Se aplica el mismo criterio, con arreglo al § 154, párr. 1, nº 2, si puede esperarse que los fines de la pena se alcanzan incluso con la condena por otro hecho (ver, sobre el problema total, Kurth, «Neue Juristische Wochenschrift», 1978, 2481 [24822483]). Según el § 21 de la ley sobre infracciones al orden, si un hecho punible concurre con una de dichas infracciones, se aplicará de antemano únicamente la ley penal (subsidiariedad; en consecuencia, no es necesario cerrar el procedimiento).

Ejemplos: si T cometió un asesinato y también un delito leve, no tendría sentido importunar al tribunal de jurados (ver el § 74 de la ley de organización judicial) también con estas insignificancias: efectivamente, son insignificantes las consecuencias jurídicas de los delitos leves si se las compara con la pena a que puede dar lugar un asesinato. Si se absuelve por asesinato, el delito (aún no prescrito) puede perseguirse nuevamente. Si ya se ha condenado por asesinato y ahora se presenta otro delito, se aplicará el mismo criterio (§ 154, párr. 1: «ha sido impuesta... o... debe esperarse»). Acerca del carácter provisional del cierre, ver los párrafos 3 y 4.

El § 154 se complementa con el § 154*a*. Esta disposición rige en caso de identidad de hechos, mientras el § 154 se basa en distintos hechos.

Si en el *ejemplo* de que se trata *T* cometió el asesinato en concurso ideal con un delito de escasa trascendencia, se aplicará el § 154*a*. También es solo provisional esta limitación de la persecución y acusación.

Tanto el § 154 como el § 154*a* resultan equivocados desde el punto de vista político-jurídico. Los criterios mencionados en la ley para el cierre provisional —el relativo «peso» de la consecuencia jurídica que se debe esperar o la realización de los fines de la pena por la condena por otro hecho— solo pueden juzgarse correcta pero paradójicamente si el ministerio público «averigua» *ambos* complejos. Pero de este modo falla el fin peculiar de los § 154 y 154*a*, a saber, el rápido restablecimiento de la paz jurídica; las experiencias de la práctica han demostrado que, por ejemplo, el esclarecimiento de hechos punibles económicos que se prolongan durante varios años, requiere, por lo menos, un período de tiempo igual. Precisamente en estos casos sería imprescindible no aclarar cualquier mínimo detalle, sino limitarse a los puntos que dan lugar, con seguridad, a una condena (y a una pena severa).

Consideraciones de economía procesal delimitan el principio de legalidad incluso si se trata de *hechos cometidos en el extranjero.* Conforme al § 153*c*, en caso de hechos cometidos en el extranjero, de ciertos hechos de un extranjero cometidos en el país (en buque y aviones extranjeros), hechos cometidos en el país desde el extranjero (párr. 2) y ejecuciones de la pena en el extranjero (es el concepto del § 154), puede prescindirse de la persecución. En el grupo del § 153*c*, párr. 2, existen otros presupuestos jurídicos que son relevantes, sobre todo en hechos punibles políticos, que regresan en el § 153*d*. Un complemento del § 153*c* se infiere del § 154*b*. Según esta disposición, se puede prescindir de la persecución si con motivo del hecho se procede a la *extradición* del autor o a su expulsión (párr. 3). Lo que se ha dicho para el mismo hecho en el párr. 1, se repite en el párrafo 2 respecto de la extradición por otro hecho, si el criterio jurídico del § 154 corresponde. En este sentido, el § 154*b*, párr. 2, también puede considerarse como una ampliación de los § 154 y 154*a*. Éstos son los casos en que el principio de economía procesal se vuelve particularmente evidente.

En los *delitos políticos*, el principio de oportunidad se presenta en forma algo modificada. Aquí, según el § 153*d*, es posible cerrar el procedimiento en delitos determinados si la ejecución del procedimiento puede perjudicar a la República Federal o si se oponen intereses públicos —un criterio ya visto en el § 153*c*, párr. 2, a propósito de los llamados hechos que producen efectos internos (cometidos especialmente desde la República Democrática Alemana en la República Federal)—. Según lo dispuesto en el § 153*c*, en los delitos políticos se cierra el procedimiento si hubo arrepentimiento activo en el autor o si éste denunció el hecho (el llamado privilegio del denunciante). El criterio, aquí, es crear un estímulo para descubrir los hechos punibles de esta especie; el § 154*c* fue una disposición precursora. La utilidad para la comunidad jurídica y el evitar perjuicios graves mediante un descubrimiento anticipado, dominan, por consiguiente, el ámbito de los delitos políticos, quedando restringido el principio de legalidad.

El descubrimiento de hechos punibles y la evitación de otros, ya tuvieron como consecuencia la disposición especial del § 154*c* respecto de las *víctimas de extorsiones.* Si la víctima denuncia a los extorsionadores, puede prescindirse de la persecución del hecho si éste no es particularmente grave; con su revelación, se extorsiona a la víctima. De esta manera, se pretende estimular a la víctima para que denuncie a los extorsionadores y evitar que se llegue (por ejemplo, para deshacerse de ellos o procurarse el dinero exigido) a hechos criminales (delitos contra el patrimonio, asesinato).

Desde hace tiempo, la doctrina critica el texto del § 154*c*. Para la víctima no es suficientemente ventajoso. Por ejemplo, si la víctima cometió un delito sexual, está frente a la alternativa de pagar o denunciar, sin saber exactamente si el ministerio público perseguirá, por la gravedad del hecho, el delito sexual. Aquí, lo que da seguridad es únicamente la prescripción.

Es de lamentar que el legislador no haya reaccionado hasta ahora respecto de estas ideas. El § 153*e* (en los delitos políticos) está redactado mucho mejor y, para quien denuncia, en forma más segura. ¿Depende esto de la circunstancia de que a nuestro legislador le interesa más la persecución de los delitos políticos que la lucha contra la extorsión y el drenaje del pantano criminal que se forma habitualmente alrededor de una extorsión?

Otro objetivo muy distinto persigue el § 154*d*. Esencialmente, el juez penal también debe decidir sobre cuestiones previas de *derecho civil y administrativo* (§ 262, párr. 1, de la Ordenanza Procesal Penal). No obstante, dado que el procedimiento penal se convierte a menudo en la introducción de un procedimiento civil (para ahorrar este último o aprovechar el principio de instrucción del procedimiento penal), aquí se puede cerrar el procedimiento conforme al § 154*d* (existe también la posibilidad de que el tribunal suspenda el debate, § 262, párr. 2, hasta lograr el esclarecimiento de la cuestión previa de derecho civil o administrativo) (para lo cual se fija un plazo). Aquí se trata de contrarrestar la sobrecarga y, especialmente, los abusos de la administración de justicia penal. El § 154*e* se basa en el mismo criterio. Mientras se investiga el hecho punible, no debe iniciarse un procedimiento penal contra quien lo ha afirmado, precisamente por esta afirmación: sería un doble examen innecesario.

Una limitación del principio de legalidad tomando como punto de partida los criterios evidentes en el § 154, también se encuentra en todo el derecho referente a la confiscación. Conforme al § 430 de la Ordenanza Procesal Penal, es posible renunciar (por medio del tribunal, párr. 1, o del ministerio público, párr. 2) a la consecuencia jurídica de la confiscación y a su tratamiento procesal si la confiscación carece de importancia al lado de la pena o de la medida o si complica el procedimiento o lo torna muy costoso (por ejemplo, por el esclarecimiento de los derechos que intervienen en la confiscación). Precisamente la complejidad del derecho de confiscación en el Código Penal, que se debe a la ley de introducción a la ley sobre infracciones al orden de 1968 (en contra de lo sugerido por el Proyecto alternativo) indica que es prudente hacer un uso tanto más prudente del § 430.

Tiene su razón de ser el hecho de que los quebrantamientos del principio de legalidad sean expuestos aquí solamente en sus rasgos fundamentales pero con mayor amplitud que, por ejemplo, en otros tratados (por ejemplo, Gössel, § 15 y 16; E. Schmidt, *Studienbuch,* n. m. 105; Kern-Roxin, § 14, o Zipf, III). No se trata, precisamente, de conocer tan solo el principio de legalidad y el de oportunidad; lo que importa es ver y también entender correctamente desde el comienzo el alcance del principio de legalidad. Aquí también hay un conflicto entre dos principios: el de *justicia y* el de la *razón procesal.* Por cierto, la justicia ordena que se persiga todo lo que es punible. Pero esto llevaría a un empleo insensato de los órganos de persecución penal estatales. Se trata aquí de encontrar un término medio razonable que corresponda (todavía) a la justicia, pero que no produzca un «*fiat iustitia*» a expensas de la comunidad jurídica. El legislador de la Ordenanza Procesal Penal se ha empeñado en hallar este término medio y reconocemos que el ministerio público tiene a su cargo aquí una tarea completamente especial que una *simple parte en un proceso* no estaría en condiciones de percibir. Ello debe ser objeto de reflexión, si se pretende que el ministerio público desempeñe un simple rol de parte (ver lo que se ha dicho a propósito de la posición del ministerio público en el derecho procesal alemán).

c) El *principio de oportunidad* sustituye totalmente al de legalidad en el procedimiento referente a los jóvenes. Aquí se trata, en primer término, de educar, y no de castigar. El pensamiento de la educación, el cual domina en dicho procedimiento (por ejemplo, supresión de formalidades, «procedimiento acorde con la juventud»), ya predomina cuando se pregunta si se debe, en general, promover la acción. Aquí, el principio de legalidad sería excesivamente rígido.

El § 45 de la ley sobre tribunales para menores ofrece al ministerio público, por tanto, la posibilidad de prescindir de la persecución y de sugerir al juez de menores otras medidas educativas. Según el párr. 2 de dicha disposición, puede cerrarse el procedimiento incluso sin que medie el consentimiento del juez (discrepando del § 153 de la Ordenanza Procesal Penal) si el caso es insignificante o ha sido ya ordenada otra medida educativa (por ejemplo, por el juez tutelar).

4. Principio de instrucción

Casos:

a) El ministerio público ha considerado que un hecho es punible a título de apropiación indebida y ha acusado, precisamente, conforme al § 246 del Código Penal. En cambio, el tribunal estima que se da hurto sobre la base del § 242. El ministerio público mantiene su opinión. ¿Puede el tribunal condenar por hurto con arreglo al § 242?

b) El ministerio público solicita la condena a una pena privativa de libertad de 7 meses. El tribunal quiere imponer 10 meses. ¿Puede hacerlo?

c) El ministerio público quiere que en el debate declare el testigo X y el acusado el testigo Y. El tribunal pretende oír aún al testigo Z. ¿Puede el tribunal, por lo que a él le corresponde, y también contra la voluntad de quienes participan en el proceso, citar y tomar declaración al testigo Z?

d) El acusado admite el hecho, pero el tribunal no le cree. En esta situación, ¿puede condenar al acusado?

e) En un delito de tránsito, *A* afirma en el debate que «no tiene inclinación hacia el alcohol». De los dictámenes de los peritos surgen dudas en cuanto a la exactitud de esta afirmación. Aquí, ¿debe el juez tomar declaración a testigos (por ejemplo, a compañeros de trabajo)? El agente de policía Z informa acerca del lugar del accidente. Algunos puntos quedan sin aclarar. ¿Debe el tribunal proceder a una inspección ocular?

a) Al bosquejar el antiguo proceso penal alemán, se ha dicho que el tribunal solo tenía en él un rol de árbitro, y no una tarea investigadora. Las partes reunían el material referente al litigio y llevaban los medios de prueba al tribunal, el cual se limitaba a decidir.

En el *proceso civil* rigen aún hoy los principios de negociación y de disposición. Las partes reúnen el material para el proceso y pueden disponer sobre el objeto del proceso; ver al respecto lo que se ha dicho en el n° 1, *a.* No obstante, también en el derecho procesal civil se dan procedimientos en que existe un considerable interés de la comunidad jurídica en el objeto del proceso. Así, en los asuntos relacionados con el llamado *status* (asuntos de familia, de filiación, etc.), dichos principios resultan excluidos (§ 616, 617 y 640 de la Ordenanza Procesal Civil).

En cambio, en el derecho procesal penal rige el *principio de instrucción, o* sea, el principio con arreglo al cual el tribunal debe investigar la verdad material y no conformarse con lo que el ministerio público y el imputado someten a su consideración, le exponen y solicitan.

Por consiguiente, el juez penal no se conforma con la llamada verdad formal y la ley no confía, respecto de una consecuencia jurídica tan importante y terminante como la pena, en el criterio de quienes participan en el proceso y en lo que tienen a bien exponer al tribunal.

Los principios de instrucción y el inquisitivo significan, de por sí, lo mismo: el tribunal debe investigar, y no solamente decidir acerca de lo que le ha sido expuesto. En este sentido, también nuestro proceso actual es un «proceso inquisitivo». (De ahí que se hable con frecuencia no de un principio de instrucción, sino también de un «principio inquisitivo», como lo hacen Kern-Roxin (§ 15, A), Henkel (*Lehrbuch,* § 23, I) y E. Schmidt (*Studienbuch,* n. m. 101). Pero, frente al proceso inquisitivo del derecho común, existe el de la división de los papeles (principio acusatorio). No se puede negar que de esta manera no resultan excluidos todos los peligros (parcialidad judicial). En el futuro, habría que limitar en mayor medida el principio de instrucción.

La validez del principio de instrucción para el ministerio público y la policía, se infiere de los § 160 y 163 de la Ordenanza Procesal Penal; ver al respecto lo que se ha dicho en el n° 1.

El principio de instrucción está previsto en los § 155, párr. 2, 206, 244, párr. 2, y 264, párr. 2. El § 155, párr. 2, determina que el tribunal está facultado y obligado, dentro del objeto del proceso (ver la definición en el párrafo 1), a ejercer por sí solo la actividad que le es propia y que sobre todo no está vinculado a los requerimientos formulados por las partes. El ministerio público determina, con su acusación, el objeto del proceso (ver el § 200; el hecho es el suceso histórico según el § 155, párr. 1), pero nada más que esto. El tratamiento del objeto del proceso y especialmente su *apreciación jurídica* son asuntos que le incumben al *tribunal.*

En consecuencia, en el *caso «a»* el tribunal no está vinculado a la opinión del ministerio público. El hecho es el mismo, se trata del mismo objeto del proceso. Esto ya se pone de manifiesto en el procedimiento intermedio para el cual el § 206 repite nuevamente el principio del § 155, párr. 2. El tribunal abre el procedimiento principal y admite la acusación. En el auto de apertura expresa que se debe tener en cuenta el § 242 (§ 207, párr. 2, nº 3; esta disposición ha sido introducida por la pequeña reforma procesal penal de 1964). Aquí no es necesaria una nueva acusación (§ 207, párr. 3) puesto que no se ha modificado el objeto del proceso.

Según el § 265, solo es necesario señalar en el debate que el criterio jurídico ha sido modificado (en caso de que en él conste la divergencia). Incluso si el tribunal comparte, en el auto de apertura, la opinión del ministerio público (la aplicación del § 246 del Código Penal), no está vinculado a esta apreciación jurídica para la sentencia, § 264, párr. 2.

No obstante, el principio de instrucción no exime al tribunal tan solo en el ámbito de la apreciación jurídica. Independiza la posición del tribunal, incluso a propósito de la cuestión más importante relativa a la condena y al grado de la pena. También en este sentido no existe *vinculación alguna* a los *requerimientos del ministerio público.*

En el *caso «b»*, no existe ninguna vinculación del tribunal al requerimiento del ministerio público. El tribunal puede imponer 10 meses de pena privativa de libertad. También puede absolver aunque el ministerio público haya solicitado una condena y, a la inversa, puede condenar aunque el ministerio público haya solicitado la absolución.

No ocurre así en el proceso civil. Aquí, rige, conforme al § 308 de la Ordenanza Procesal Civil, el principio *«ne ultra petita»*. Si el actor se ha limitado a solicitar que el demandad» sea condenado a pagar 100 marcos, el tribunal solo podrá pronunciar esa sentencia, incluso si estima que aquél pudo exigir, desde el punto de vista jurídico material, 200 marcos.

b) Las consecuencias más importantes del principio de instrucción se encuentran en el *derecho sobre la prueba.* Aquí, el *juez penal no* está *vinculado* a los requerimientos y a los medios de prueba de los que participan en el proceso, § 244, párr. 2. Si el juez advierte que un testigo importante no está mencionado por el ministerio público ni por la defensa, debe citar él mismo a este testigo, incluso contra la voluntad de quienes participan del proceso (principio de la verdad material, contrapuesto al de la verdad formal, por ejemplo, en el proceso civil). La comunidad jurídica no quiere confiar, ante una consecuencia jurídica tan trascendente, en la actuación (y en el egoísmo) de quienes participan del proceso (como, verbigracia, en el proceso civil en que la ley toma como punto de partida el criterio de que cada parte expone los hechos que le son favorables y presenta los medios de prueba que los apoyan).

En el *caso «c»*, el tribunal puede y *debe* citar a Z. Ello no se deja librado, según el § 244, párr. 2, al criterio del tribunal, tampoco cuando el ministerio público y el acusado no desean la declaración del testigo. Un simple «árbitro» no tendría esta tarea. Podría conformarse con oír a los testigos nombrados por las partes.

En lo que respecta al *caso «e»*, ver las sentencias 8, 177, y 13, 326, del Tribunal Federal.

En cuanto al principio de la investigación de la *verdad material,* las *confesiones* del acusado no vinculan al juez. En la historia del derecho ya hubo bastantes confesiones falsas. Los motivos al respecto son *numerosos.* El acusado puede confesar un hecho para cubrir a un tercero, verbigracia, a un familiar, para ocultar él mismo otro hecho más grave (quien da la impresión de haber cometido un hurto en Tubinga, no puede haber cometido simultáneamente un atraco en Stuttgart) o para «pasar el invierno» en la cárcel.

En el *caso «d»* el juez no puede aceptar sin más la confesión. Debe verificarla, por ejemplo, con preguntas referentes a pormenores sobre la comisión del hecho que únicamente el autor está en condiciones de conocer, etc. Al respecto, el juez debe usar (§ 244, párr. 2) todos los medios de prueba accesibles, por ejemplo, tomando declaración a todos los testigos que el acusado pretende excluir. Si, después de agotar todos los medios de prueba, queda una duda acerca de la autoría del acusado, el juez tendrá que absolver *(in dubio pro reo).*

En el *proceso civil* no corresponde, cuando se confiesa un hecho, el deber de la prueba para el contrincante (§ 288 de la Ordenanza Procesal Civil). A los hechos no discutidos se los considera como confesados (§ 138, párr. 3, de dicha Ordenanza). Si el demandado confiesa haber dañado la propiedad del actor, el juez basará su decisión en esta confesión, incluso si sospecha que esto no es completamente exacto.

5. Oralidad

Casos:

a) (El juez) *J* estima que en el caso muy claro de A un debate oral es superfluo y quiere dictar sentencia en el acto. A está de acuerdo. *J* también desea evitar la redacción fatigosa de la sentencia, dado que A ha renunciado, de todos modos, a interponer recurso. ¿Es admisible?

b) El defensor quiere interponer casación en favor de A. Para ello, remite por teléfono un telegrama. El telegrama llega al tribunal de apelación el último día del plazo. ¿Esto basta? ¿Qué ocurriría si antes del vencimiento la trasmisión solo hubiera tenido lugar por intermedio del correo?

a) En el derecho procesal penal en vigor, el principio de la oralidad del *debate* se realiza con gran rigidez. Quien tenga en cuenta la evolución histórica de nuestro derecho procesal, percibe en él la vehemente desconfianza por el proceso (secreto y) escrito del derecho común. Tan solo puede emplearse en la sentencia lo que se expone en el debate verbalmente, § 261 de la Ordenanza Procesal Penal («Debate»).

En el *caso «a»*, *J* infringe este principio. La sentencia es impugnable. Si falta, en general, la referencia a un debate, la sentencia contiene un defecto formal tan grave que se la debe considerar nula. Acerca de la falta de lectura del requerimiento acusatorio, ver la sentencia 8, 283, de la Corte Suprema Federal.

También en el *proceso civil* rige, según el § 128 de la Ordenanza Procesal Civil, el principio de la oralidad. Este principio ha sido, por cierto, quebrado y hasta deformado (ver dicha disposición de los párrafos 2 y 3). Prácticamente, se hacen comentarios en las exposiciones «preparatorias» a las cuales se remite con arreglo al § 137, párr. 3, de la Ordenanza y las partes solo exponen en el debate sus requerimientos (también como remisión a la exposición correspondiente, § 297, párr. 2). Incluso en el proceso civil se debe exigir un mayor fortalecimiento del principio de la oralidad (ver sobre el particular Baumann-Fezer, *Beschleunigung des Zivilprozesses* (Aceleración del proceso civil), 1970. En cierta medida, también la llamada Novela simplificadora del 3/12/1976 (que, sin embargo, ha dado lugar a muchas complicaciones, en vez de limitarse a la introducción legal del denominado procedimiento de Stuttgart), ha hecho avanzar esta vigorización del principio de la oralidad.

En esta forma tan rígida, el principio de la oralidad solo rige para la parte esencial del procedimiento –el debate–, y no para todo el procedimiento preliminar y el intermedio. Para el *debate* se encuentran, ciertamente, numerosas facultades y garantías (que también son, en parte, garantías de las posibilidades de la defensa). Así, con arreglo al § 257, párr. 1, de la Ordenanza Procesal Penal, el acusado, después de la declaración de cada uno de los testigos, debe tener el uso de la palabra. El ministerio público y el defensor tienen el derecho de formular aclaraciones (§ 257, párrs. 2 y 3) que no anticipen la exposición final, por ejemplo, a propósito del estado mental o la sujeción a la verdad del testigo (el § 240, párr. 2, permite que quienes toman parte en el procedimiento formulen tan solo preguntas, y no aclaraciones). El § 258 da normas sobre las exposiciones finales relativas a la acusación y determina, en el párrafo 2, que al acusado le pertenece la última palabra. La última impresión sobre el tribunal antes de la deliberación no ha de ser una opinión del ministerio público, sino la aclaración del acusado.

Tiene particular importancia el hecho de que todo el *procedimiento probatorio* en el debate depende del principio de la oralidad. Debe ponderarse únicamente aquello que fue objeto de discusión en el debate, § 261. De esto se deduce que todo lo que ha de utilizarse para la sentencia, debe ser leído en el debate. Incluso los documentos muy extensos que todos los que participan en el procedimiento conocen, deben fundamentalmente ser leídos (por el juez). Solamente si el ministerio público, el defensor *y* el *acusado* (quien debe saber cuáles documentos serán empleados y ponderados en la sentencia) renuncian a ello, es posible excepcionalmente, con arreglo al § 249, párr. 2, omitir la lectura de un documento (salvo las previstas en los § 251, 253, 254 y 256). El documento se introducirá después, mediante la comunicación de su contenido esencial, en el debate.

Las declaraciones escritas de los testigos deben (en tanto ello esté excepcionalmente permitido), conforme al § 251, ser leídas. No basta hacerlas circular. Según el § 254, debe ser leída una confesión, así como un acta referente a una inspección ocular, una sentencia penal pronunciada anteriormente, extractos de registros, etc., según dispone el § 249, 2ª frase. Solo de esta manera se puede lograr que la parte esencial del procedimiento dé al acusado la posibilidad de opinar acerca de todos los puntos que pueden ser importantes para la sentencia. Al mismo tiempo se logra cierto control de la actividad judicial mediante la *publicidad.* Siendo público el debate (ver lo que se dice en el nº 9), es posible examinar lo que ha determinado al juez a dictar la sentencia (no debiéndose utilizar hechos secretos y que solo constan en las actas).

Cabe advertir que ya en las fases procesales anteriores se ha empleado, en algunos casos, el principio de la oralidad, a saber, cuando se trata de concederle al acusado (si es torpe en la expresión escrita) una suficiente posibilidad de defensa.

Así, en el § 163*a* la pequeña reforma penal ha establecido el deber del imputado de *declarar* con anterioridad a la promoción de la acción pública, siendo posible que se exprese por escrito en las «causas simples». El principio de la oralidad también se manifiesta, por ejemplo, en el *pedido de audiencia oral* sobre la detención que, según el § 118, puede sustituir el habitual examen de la detención (§ 117).

b) No obstante, en muchos casos existe, además del principio de la oralidad, la *forma escrita.* Ésta se da sobre todo en las fases procesales que preceden al debate (ver lo que ya se ha dicho), pero también, *en general, para actos procesales especialmente importantes* y para el *aseguramiento de la prueba.* Algunos ejemplos:

Según el § 168 de la Ordenanza Procesal Penal, los actos instructorios del juez deben instrumentarse en el procedimiento inquisitivo (conforme a los § 162 y 165 y ss.). El resultado de las averiguaciones del ministerio público debe hacerse constar en los autos, § 168*b.* Toda declaración judicial de testigos y del imputado, toda inspección ocular deben indicarse en las actas. La Ordenanza Procesal Penal contiene disposiciones precisas sobre forma y contenido de las actas (ver el § 188). El párrafo 4 de este parágrafo consiente utilizar en la minuta del acta una escritura taquigráfica corriente; también, a partir de la lev modificadora del derecho procesal de 1979, está permitido el uso de una máquina taquigráfica y de un grabador (no debiéndose hacer, desde luego, grabaciones secretas). Ver, acerca de toda esta cuestión, Kurth, «Neue Juristische Wochenschrift», 1978, 2481 (2484).

Debe levantarse un acta también sobre el debate (a cargo del actuario de la secretaría que tiene que estar siempre presente [§ 226 y 271 y ss.]). Con arreglo al § 274, esta acta tiene prácticamente fuerza probatoria irrefutable con respecto a la observancia de las formalidades (resultará invalidada únicamente demostrando su falsedad). Si, por ejemplo, no consta en el acta el requisito de la publicidad, esta falta puede dar lugar a la casación (motivo absoluto de casación conforme al § 338, nº 6).

Los *actos procesales* importantes no deben constar tan solo en el acta; para éstos existen comúnmente formalidades especiales. Así, la promoción de la acción pública se realiza (por lo general) presentando la *acusación* (a la exacta determinación del contenido se refieren los § 199, párr. 2, y 200). La forma sirve aquí para la seguridad del procesado. Éste debe saber de qué se trata (conforme al § 201, se le comunica la acusación) y ajustar su defensa conforme a ello.

Según el § 275, la sentencia debe ser agregada a los autos. Ya antes de dictarse la sentencia, su parte dispositiva debe estar determinada por escrito (ver el § 268, párr. 2: «lectura de la parte dispositiva»). Se trata aquí de asegurar y determinar los actos procesales más importantes del tribunal.

En el *caso «a»,* la sentencia ha sido dictada correctamente, pero infringe el § 275. Se trata de un defecto formal, el que puede justificar la interposición de un recurso. El consentimiento del acusado no modifica la situación, pues la formalidad del § 275 sirve exclusivamente a sus intereses.

Los *recursos* solo pueden interponerse por escrito o en acta de la secretaría; ver el § 306, párr. 1, para la queja, el § 314, párr. 1, para la apelación, el § 341, párr. 1, para la casación, y el § 365 para el requerimiento de revisión del proceso. En cuanto al resultado, predomina, por consiguiente, la forma escrita si se trata de claridad, de posibilidad de probar y asegurar la prueba y predomina la oralidad si se trata de dar al tribunal una impresión viva y libre del polvo de las actas o de posibilitar una buena defensa al imputado (que tal vez se expresa por escrito con dificultad). Por el principio de la oralidad se pasa al de la inmediación.

En lo que respecta al *caso «b»,* ver en primer término la sentencia 8, 174, de la Corte Suprema federal y a continuación la sentencia 14, 233, del mismo tribunal. A propósito de estas dos decisiones, ver el resumen muy claro que ofrece Roxin en *Strafprozessrecht, Prüfe dein Wissen* (Examina tus conocimientos), 7ª ed., 1977, nº 413.

6. Inmediación

Casos:

a) A, el acusado, en el debate, durante la declaración de un testigo, que se prolonga a lo infinito y a su juicio completamente irrelevante, se aburre mucho. Le dice al juez que mientras tanto irá a tomar el desayuno. ¿Es esto admisible? ¿Qué hará el juez?

b) El ministerio público *M* está, desde hace 5 horas, en un debate. Dado que se acostó tarde y no se siente bien, desea ser sustituido por un colega. ¿Es esto admisible?

c) ¿Qué aspecto puede tener, en un proceso monstruo, el grupo de los jueces? Se sabe que uno de los jueces padece achaques y que el presidente se jubilará pronto.

d) Un testigo que había sido citado, no se ha presentado en el debate. El juez descubre en el legajo el acta sobre la declaración policial de ese testigo. ¿Puede leerla y utilizarla en la sentencia?

e) *Z* se abstiene de declarar conforme al § 52 de la Ordenanza Procesal Penal, aunque haya declarado en la instrucción sumaria ante el empleado policial *P y* el juez especial *J*. Las actas se encuentran en el legajo y *P* y *J* están presentes (§ 162). ¿Deben leerse las actas? ¿Debe tomarse declaración a P y a *J* acerca del contenido de la declaración anterior? ¿Qué sucede si Z no fue instruido por P ni por *J* sobre su derecho de abstenerse de declarar?

El afán de dar al tribunal una impresión lo más fresca y directa posible acerca de las personas y de los hechos (en contraposición con el proceso del derecho común) dio lugar al principio de la inmediación. Se trata de dos exigencias: la inmediación debe imperar en las relaciones entre quienes participan en el proceso y el tribunal y, además, en el ámbito de la recepción de la prueba. Pero estas exigencias se combinan entre sí e incluso le incumbe a la mediación personal la tarea de servir a la obtención de la verdad material.

a) En lo que se refiere a la exigencia mencionada en primer término, es necesario que todos *los que participan del proceso obren juntos*. Todos deben estar presentes y tener capacidad para obrar (capacidad procesal).

En principio, un debate solo tiene lugar si el *acusado* está *presente* (§ 230, párr. 1, de la Ordenanza Procesal Penal). El ordenamiento procesal tiene gran desconfianza hacia procedimientos que se realizan en ausencia del acusado. El acusado debe ver lo que ocurre y escuchar lo que se expone (principio de la oralidad; ver lo que se ha dicho en el n° 5) y poder ajustar su defensa conforme a ello. El proceso penal produce consecuencias jurídicas demasiado terminantes como para consentir que un procedimiento se lleve a cabo en ausencia del acusado. Este criterio vale incluso si el acusado no quiere estar presente. Aquí se presenta, por un lado, el pensamiento de que es imposible renunciar a un derecho de tanta trascendencia (el de estar presente) y, por el otro, aquel según el cual el juez puede valuar libremente, en la apreciación de la prueba, el comportamiento del acusado (deber de estar presente por motivos referentes a la investigación de la verdad).

Sobre la presencia y la capacidad procesal del acusado después de tentativa de suicidio, ver la sentencia 16, 178, de la Corte Suprema federal y sobre la capacidad procesal limitada transitoriamente, la sentencia 19, 144, del mismo tribunal.

El *principio de la asistencia* está quebrado, por cierto, en muchos puntos. Es muy útil echar un vistazo rápido a estas excepciones, porque solamente así se descubrirá el alcance y también el sentido de dicho principio.

El § 231, párr. 1, establece normas sobre la *obligación* de asistencia del acusado, el § 230, párr. 2, menciona los medios coercitivos con que se puede exigir la comparecencia del acusado (arresto o traslado). Con arreglo al § 231, el presidente puede exigir que el acusado permanezca en el debate (haciendo detener al acusado por el agente de policía del tribunal). Si, no obstante, el acusado se ausenta, el debate puede ser continuado si él ya había prestado declaración y el tribunal estima que su ulterior presencia no es necesaria (§ 231, párr. 2).

Los procesos contra terroristas hicieron necesarias otras excepciones a la obligación de asistencia (y al derecho pertinente); se trata del § 231*a*, llamado «parágrafo de la huelga de hambre», que consiente, en caso de incapacidad procesal dolosa, la prosecución del debate, y el § 231 *b* —el «parágrafo de los ineducados»— que está destinado a impedir que el acusado imposibilite con su comportamiento grosero la sustanciación del debate.

Ambas ampliaciones no son inofensivas; son, ciertamente, dolorosas, pero más soportables, sin duda, que el garrote usado contra el acusado recalcitrante, admitido en otros derechos procesales. En consecuencia, en el *caso «a»*, el juez puede detener a A. Si éste se ausenta, el debate puede continuar siempre que existan los presupuestos del § 231, párr. 2. De lo contrario, debe ser interrumpido (§ 228) y el juez debe intentar la presencia de A. Ordenará su conducción forzada y mandará buscarlo por un empleado de la policía que interrumpirá su desayuno y lo conducirá de nuevo a la sala de audiencia.

Así como el § 231, párr. 2, consiente que el principio de asistencia sea quebrado, del mismo modo el debate puede sustanciarse (§ 232) sin la presencia del acusado (que había sido citado regularmente) en caso de que puedan esperarse consecuencias jurídicas leves (protección del acusado contra su propia ligereza). El § 233 prevé otra excepción al posibilitar que el acusado sea dispensado, a su requerimiento, de la obligación de asistir al debate, pero solamente si pueden esperarse consecuencias jurídicas leves y el acusado ya había prestado declaración judicial sobre la acusación y han sido observadas las restantes formalidades a las que se refiere el § 233 (léase esta disposición). A partir de la ley modificadora del procedimiento penal de 1979, existe incluso la posibilidad, en procesos contra varios acusados, de conceder permiso, por así decir, a algunos de ellos (dado el caso, también a sus defensores) durante las partes del debate que no les conciernan; ver el § 231*c*.

En cambio, el procedimiento *contra ausentes* no resulta exceptuado del principio mencionado con arreglo a los § 276 y ss., tratándose de un simple procedimiento de aseguramiento de la prueba y no realizándose, por tanto, ningún debate; ver el § 285.

Aunque al tribunal no le agrade la presencia del acusado, éste tiene el *derecho* de asistir al debate. Esto se muestra claramente en lo dispuesto en el § 247, en el cual se enumeran los casos en que el acusado debe salir transitoriamente de la sala de audiencia. El alejamiento solo es admisible en estos casos; además, el presidente tiene que informar inmediatamente al acusado acerca de lo que ha sido tratado durante su ausencia.

Ejemplos: Si en el *caso «a»*, *A* comenzara a comer en la misma sala de audiencia, el presidente, según el § 231*b* de la Ordenanza Procesal Penal y el § 177 de la ley de organización judicial, puede hacerlo salir transitoriamente de la sala. Luego se lo irá a buscar y se lo informará acerca del curso que tuvo el procedimiento durante su ausencia. Sin duda, una medida más leve consistiría en sacarle el desayuno y el juez deberá intentarla en primer término. En cuanto al caso de que un testigo solo diría la verdad estando ausente el acusado (a quien le tiene miedo), ver el § 247 y las sentencias 73, 355, del Tribunal del Reich y 1, 346, y 21, 332, de la Corte Suprema federal.

Los § 350 y 387 de la Ordenanza Procesal Penal contienen otras limitaciones al principio de asistencia para el acusado. En el debate ante el tribunal de casación se tratan exclusivamente cuestiones jurídicas. Aquí, la presencia del acusado es superflua. En la acción privada (en la cual el público tiene menos interés en su esclarecimiento y en la persecución), el acusado puede hacerse representar. Pero aquí también puede ordenarse la comparecencia personal (si es útil a los fines de la obtención de la verdad). La presencia del acusado, o sea, su derecho y deber de asistir personalmente al debate, impera, por consiguiente, en la parte más trascendente del procedimiento —el debate—. Como hemos visto, no se trata tan solo de una artimaña, sino de la protección del acusado. La ley consiente que el debate tenga lugar en su ausencia únicamente si ello es inofensivo para él.

Incluso *fuera del debate* existen derechos (y no deberes) de asistencia, como en importantes actos procesales y pruebas (ver el § 168*c* de la Ordenanza Procesal Penal para la instrucción sumaria y el § 224 para la declaración testimonial provisional en la preparación del debate).

b) A la inmediación de las relaciones de quienes participan del proceso también corresponde el *deber de asistencia del ministerio público* en el debate. Según el § 226 de la Ordenanza Procesal Penal, es necesaria la «presencia ininterrumpida» del ministerio público. Esta sola formulación revela que no debe tratarse del mismo ministerio público. El § 227 lo determina otra vez de manera expresa y consiente no solamente el reparto temporal, sino también el que atañe a las materias entre varios representantes del ministerio público.

Por consiguiente, en el *caso «b»*, el ministerio público puede hacerse sustituir. Por lo demás, cada uno de los ministerios públicos que se alternan es siempre y solamente representante del director del servicio (§ 144 de la ley de organización judicial).

Al deber de asistencia del ministerio público corresponde el *derecho* de asistencia. La expulsión del ministerio público (como en el § 247 de la Ordenanza Procesal Penal) no está prevista. Tampoco son posibles medidas policiales contra el ministerio público relativas al acceso a las sesiones (§ 175 y ss. de la ley de organización judicial).

Si nuestro fiscal tenía todavía un resto importante de alcohol en la sangre y se comportaba según esta situación, el juez no habría podido alejarlo sobre la base del § 177. Solo habría podido informar a la autoridad que habría enviado a su casa al fiscal y habría actuado conforme al § 145 (reemplazo o designación de otro fiscal).

Existe el derecho de asistencia incluso en el *procedimiento preliminar,* cuando se trata de importantes actos procesales y pruebas: ver las disposiciones del § 168c de la Ordenanza Procesal Penal ya mencionadas bajo la letra *a, y,* en la preparación del debate, el § 224. En cuanto a la participación en la audiencia oral sobre la detención preventiva, ver el § 118o.

c) Contrariamente a lo que sucede con el ministerio público, los defensores (ver la sentencia 21, 180, del Tribunal Federal) y los actuarios, que pueden alternarse, y los *jueces* que han de decidir tienen que estar presentes durante todo el debate *en forma ininterrumpida* (téngase en cuenta el texto del § 226). Esta regulación significa que tan solo los jueces que han participado en el debate desde el primero al último minuto, pueden decidir sobre la base de la «totalidad del debate» (§ 261). No basta informar a un juez, que abandonó, aunque sea por pocos minutos, la sala de audiencia, acerca de lo que ha ocurrido mientras tanto. Esto infringiría el principio de la inmediación: precisamente aquí podría importar en forma decisiva la impresión inmediata del juez (verbigracia, sobre la declaración de los testigos). Antes bien, debería interrumpirse el debate brevemente.

Esta severidad de la ley tiene como consecuencia que se recurra, en procesos prolongados, a *jueces suplentes* (§ 192, párr. 2, de la ley de organización judicial).

Por tanto, en el *caso «c»,* para los jueces que, posiblemente, quedarán excluidos antes de que termine el debate (por razones de salud u otras), se designarán siempre jueces suplentes. Se procederá del mismo modo, por supuesto, también respecto de los escabinos. Si dicha exclusión se produce, el juez suplente sustituirá al que ha sido eliminado, pero únicamente si desde el principio estuvo presente y siguió el debate en forma ininterrumpida.

Si el juez suplente transitoriamente se ha dormido o ha soñado despierto (confiando en que ya no sería requerido), no estaba «presente» (según el § 226 de la Ordenanza Procesal Penal, «presencia» no es solamente la presencia física, sino también la mental), o sea, no ha tomado parte en todo el debate. No está en condiciones de intervenir y todo el debate debe comenzar de nuevo desde el principio.

Acerca del escabino que duerme, ver la sentencia 2, 15 —que es errónea—, de la Corte Suprema federal, y en lo que se refiere al juez ciego y sordo, las sentencias 4, 191, 5, 354, y 18, 51 (de las cuales tan solo esta última es correcta) del mismo tribunal. En la sentencia 5, 356, se dice que «dado que lo esencial en el debate son siempre las palabras dichas y la réplica, la ceguera de un juez no puede ser más importante que la dureza de oído». En cuanto al juez ciego, ver también la sentencia 20, 55, del Tribunal Federal de Garantías Constitucionales.

d) Breve es la distancia que separa los deberes de asistencia y de participación expuestos bajo las letras *a* a c, del principio de la *unidad del debate.*

¡Atención! Esta expresión también se emplea en otro sentido, el de que los requerimientos y los comentarios pueden hacerse en cualquier momento del procedimiento. Esto ocurre, esencialmente, en el derecho procesal civil en vigor en el cual, mediante la Novela llamada simplificadora del 3/12/1976, se han agravado notablemente las posibilidades de preclusión. Lo contrario es la máxima de la eventualidad del proceso civil común. Ver lo que se dice al respecto en el n° 7.

A la ley le interesa obtener una impresión fresca, directa y libre del polvo de las actas, la posibilidad de intervenir en forma permanente y la colaboración sin trabas de quienes participan en el proceso. Todo esto puede producir el resultado deseado si no existen entre las distintas partes del debate períodos de tiempo excesivamente prolongados. Si un debate se llevara a cabo discutiendo hoy y luego dentro de una semana y después de nuevo dentro de 2 o 3 días o un mes, este despedazamiento sería muy contraproducente para la firmeza e inmediación de las impresiones.

El § 229 de la Ordenanza Procesal Penal dispone, por tanto, que un debate no debe *interrumpirse*, comúnmente, por más de 10 días. Tiene que ser continuado a más tardar el undécimo día; de lo contrario, debe comenzarse de nuevo. Por cierto, esta rígida barrera se atenúa si el debate ya ha tenido una duración de 10 días: en este caso, es posible una interrupción de hasta 30 días (esto es importante para los grandes procesos).

Por consiguiente, en el *caso «c»*, si un juez se enferma, la interrupción puede ser de 10 días. Si el undécimo día el juez no está aún disponible y no existe un juez suplente, el debate tendrá que comenzar nuevamente desde el principio. Si el debate tuvo una duración de 10 días por lo menos, será posible una interrupción de hasta 30 días. El 31° día debe realizarse el debate, de lo contrario, se lo comenzará de nuevo. Después de otros 10 días de debate, o sea, el 41° día, se lo puede interrumpir una vez más por 30 días.

La interrupción debe distinguirse de la *suspensión* (ver el § 228 de la Ordenanza Procesal Penal). Suspensión significa prorrogar y comenzar de nuevo. Si al cabo de la interrupción de 10 días el juez ya no está disponible, si no aparece, aunque haya comunicado al presidente esta circunstancia, el procedimiento será «suspendido» y comenzará de nuevo.

e) La *inmediación de la recepción de la prueba* es particularmente importante y, precisamente, por las mismas razones de que ya se ha hablado (impresión fresca y directa, obtención de la verdad, posibilidad de defensa). En el debate hay que recurrir a los medios de prueba directos. Solamente así quienes participan del proceso pueden formarse un cuadro evidente (la lectura de un escrito puede producir un efecto totalmente distinto a la declaración de un testigo) y solamente así les resulta viable influir, con preguntas, sobre un complemento de la declaración (obtención de la verdad) y tiene el acusado la mejor posibilidad de defensa (por ejemplo, con preguntas que acorralan al testigo, sacuden su credibilidad, etc.). Sin embargo, este principio *choca* a menudo con los preceptos de la economía procesal, como sucede, verbigracia, si se acusa a un librero de haber difundido escritos pornográficos (lo cual es un delito conforme al § 184 del Código Penal) y después, en el marco de la recepción de la prueba, se tuvo que dar lectura a extensos trozos de una voluminosa novela.

Como ya se ha dicho en el n° 5, *a*, el § 249, párr. 2, de la Ordenanza Procesal Penal consiente, por consiguiente, dentro de presupuestos determinados y con el consentimiento general, que se renuncie a la lectura de documentos y que solo se comunique su contenido esencial.

Las *declaraciones de los testigos* no deben leerse en el debate, sino que el testigo debe ser traído, y declarar en presencia de quienes participan del proceso, estar dispuesto a contestar las preguntas, etc. Este principio sufre algunas *excepciones* según las cuales es suficiente la lectura de una declaración o el acta escrita puede ser incorporada. Así, con arreglo al § 251, párr. 1, puede leerse el acta sobre una declaración *ante el juez o* un acta del debate (sentencia 24, 183, de la Corte Suprema federal), si el testigo ha muerto o ha caído en enfermedad mental, si su paradero no puede ser averiguado o lo es con dificultad o quienes toman parte en el proceso están de acuerdo con la lectura (si el acusado se opone, aunque su defensor consienta, el n° 4 no se tiene en cuenta). Las actas sobre declaraciones no prestadas ante el juez solo pueden leerse en el marco del § 251, párr. 2.

En el *caso «d»* no se trata de una declaración ante un juez, sino de una declaración ante la policía. El testigo no ha muerto, una declaración ante el juez es posible y, en consecuencia, la lectura no debe llevarse a cabo. El juez experimenta el dolor de poder leer por sí mismo la hoja del acta sobre la declaración y, sin embargo, no poder incorporarla por la lectura. La declaración, por ende, leer él mismo el acta correspondiente, no puede, así, utilizarse para la sentencia (§ 261) (De todos modos, la lectura puede realizarse conforme al § 251, párr. 3, para preparar la decisión sobre si se necesita realmente al testigo).

Por tanto, el juez interrumpirá el debate y procurará traer el testigo (el § 51 de la Ordenanza Procesal Penal le ofrece la posibilidad, entre otras, de hacerlo comparecer forzadamente). Si el juez prescinde del testigo, puede haber en esta actitud una lesión del deber de esclarecimiento (§ 244, párr. 2; ver lo que se ha dicho a propósito del principio de instrucción). Existe una infracción procesal grave, la que puede fundar la apelación o la casación.

En cuanto al *caso «e»*, ver las sentencias de la Corte Suprema federal 2, 99, 10, 77, 17, 245, y 21, 218. Sobre el deber de instruir a los testigos, ver la sentencia 22, 170 (no está prohibida la utilización de medios de prueba determinados; confr. el § 136), así como la crítica en Roxin, *Prüfe dein Wissen,* cit., n° 78, y la sentencia 25, 325 (posible infracción procesal al omitir la advertencia contenida en el § 243, párr. 4 y 1, de la Ordenanza Procesal Penal; ver nuevamente Roxin, lug. cit.). La lectura de actas también puede llevarse a cabo con arreglo al § 2.53 para ayudar la memoria del testigo y aclarar contradicciones. Además, puede leerse confesiones hechas ante el juez (§ 254) y aclaraciones de funcionarios (§ 256). Compárese los pormenores.

El § 253, párr. 1, da lugar a muchos abusos cometidos sobre todo por los testigos, y no por el tribunal. Si después de mucho tiempo se toman declaraciones a empleados de la policía (por ejemplo, acerca de un accidente de tránsito), ya no tienen idea, por lo común, de ese caso concreto (habiendo ellos tratado, mientras tanto, muchos casos similares). Repiten entonces maquinalmente tan solo lo que el juez les lee nsegún el § 253, párr. 1, para ayudar su memoria. Y después prestarán juramento también respecto de esta «declaración»! Ver la sentencia 3, 281, de la Corte Suprema federal (en sentido limitativo).

Mejor sería admitir la lectura directa incluso de determinadas actas de la policía o hacer más uso del § 162 (declaración inmediata ante el juez) y completar correspondientemente el § 251, párr. 1.

Otras posibilidades de lectura se encuentran en otras disposiciones de la Ordenanza Procesal Penal, por ejemplo (ver lo que se ha dicho bajo la letra *a* en los § 232, párr. 3, y 233, párr. 3: posibilidad de lectura e incluso *orden* de lectura del acta en un debate sin el acusado. Al tratar, en el n° 5, *a,* el principio de la oralidad, se remitió al § 249, con arreglo al cual los documentos, las sentencias penales, los resúmenes de registros y las actas sobre la recepción de inspecciones oculares por un juez, etc., deben, en principio, leerse, siendo suficiente, pero solo con carácter de excepción, la comunicación por el juez de su contenido esencial.

Pero el principio de la inmediación en la recepción de la prueba no excluye tan solo (prescindiendo de excepciones inofensivas (?); ver lo ya dicho) la lectura de declaraciones de testigos que figuran en actas. Dicho principio no exige únicamente una impresión directa del medio de prueba, sino también que se utilice el medio de prueba *más directo.* La Ordenanza Procesal Penal no quiere un «testigo de oídas» que se haya enterado de un hecho por *testigos presenciales directos;* quiere que el testigo presencial directo sea traído (y declare inmediatamente ante el tribunal). Esto se infiere del § 250, primera frase («Si la prueba de un hecho se basa en la observación de una persona, ésta debe declarar en el debate»; se pone énfasis en el pronombre demostrativo «ésta»). La lesión de este precepto puede ser una lesión del deber de esclarecimiento con arreglo al § 244, párr. 2.

Sostienen otro punto de vista y estiman que resulta lesionado también el § 250, Beling, *Lehrbuch,* 1928, p. 319; Peters, *Lehrbuch,* § 39, II, *y* v. Hippel, *Lehrbuch,* 1941, p. 391. En lo que respecta a la problemática del testigo de oídas en los procesos políticos, confr. la sentencia 17, 382, de la Corte Suprema federal y las discusiones del *46°* Congreso de Juristas Alemanes, 1966; otros ejemplos figuran en Gollwitzer (en el Gran Comentario de Lowe-Rosenberg, § 250, nota 9), en Roxin *(Prüfe dein Wissen* cit.) y en Zipf (IV, 4, 3311, al final).

Es muy lamentable que la pretensión anteriormente casi absoluta de utilizar medios de prueba presentes haya sido garantizada, a partir de la reforma del § 245 de la Ordenanza Procesal Penal, por la ley modificadora del derecho procesal penal de 1979, tan solo en pequeña medida.

No existía para esta modificación legal, que se comentó sobre todo en el § 245, una necesidad concreta, porque esta disposición no produjo nunca, según la información casi unánime de la práctica, demoras procesales.

Ciertamente, la disposición que se acaba de mencionar le da al tribunal cognitivo el *derecho* de utilizar medios de prueba presentes incluso sin requerimiento de prueba (ver Riess, «Neue Juristische Wochenschrift», 1978, 2265, 2270, nota 110); el *deber* correspondiente existe solamente si el requerimiento fue presentado y no se da ninguna causa de rechazo del § 245, párr. 2 y 3. El catálogo mencionado aquí es más reducido, sin duda, que el del § 244; así, la valoración de un medio de prueba presente *no* puede ser rechazada por notoriedad de lo contrario o bajo la indicación de la posibilidad de una verificación cierta.

7. Unidad del debate. Máxima de concentración

Casos:

a) El tribunal *G,* después de la recepción de la prueba, le da la palabra al fiscal para su informe final (§ 258, párr. 1). A, el acusado, interrumpe y pide que declare la testigo X. Ésta podría demostrar que ese día él no podía haber estado en el lugar del hecho. ¿Es esto admisible?

b) El defensor V cuenta con la absolución. Pero la recepción de la prueba da un resultado diferente del que esperaba. Concluida la recepción de la prueba, V presenta otro pedido (que habría podido presentar antes). ¿Es esto admisible o se produce una demora procesal?

En el proceso penal rige (como en el proceso civil actual) el principio de la *unidad del debate* (ver lo que se ha dicho al respecto en el n° 6, *d)*, o sea, el principio según el cual medios de ataque y de defensa, nuevos medios de prueba y contestaciones son posibles y deben tenerse en cuenta en cada momento del procedimiento. (Lo contrario es la *máxima de la eventualidad* del derecho procesal común, por la cual solamente en trozos procesales determinados podían hacerse valer medios de ataque y de defensa. De no haber certeza acerca de si se necesitaba aún esta contestación, se la debía eventualmente solicitar).

Naturalmente, el principio de la unidad del debate produce, a veces, una demora considerable en la conclusión del proceso. Piénsese tan solo en el hecho de que el acusado, únicamente al dar su última palabra, diga que tiene una coartada y que la puede probar con un testigo. Dado que el debate forma una unidad, también en este momento se debe tener en cuenta esta situación incorporada, incluso si el acusado, ya al comienzo del procedimiento de investigación, hubiera podido aclararla.

Por consiguiente, en el *caso «a»*, *A* puede, en principio, presentar todavía su requerimiento de prueba. Incluso si A en su última palabra (§ 258, párr. 2) remite a la prescripción (hasta ahora omitida) de su hecho, el tribunal tendrá que aceptar esta manifestación y también reconocerla. Si existen dudas acerca del comienzo de la prescripción, el juez tendrá que aclararlas (§ 244, párr. 2) y, en caso necesario, tomarle la correspondiente declaración al testigo, consultar actas, etc. Si A tiene razón, se clausurará el procedimiento (sobreseerá la causa) por sentencia.

Naturalmente, la Ordenanza Procesal Penal pretende oponerse a esta posible demora del procedimiento, pero sin renunciar al principio de la unidad del debate (y volver a la máxima de la eventualidad). El empeño de la ley tendiente a una concentración de esta especie se acostumbra reunir bajo el concepto de *máxima de concentración.*

A menudo algunos autores (por ejemplo, Peters y Kern-Roxin) incluyen aquí también la unidad del debate tratada en el *n° 6* (siendo solo admisibles breves interrupciones, § 229). Se trata, ciertamente, de unidad del debate e incluso de concentración, pero también del efecto inmediato del suceso procesal para la obtención de la sentencia. Lo correcto sería considerar ambos criterios.

Sobre todo en el *procedimiento probatorio* la unidad del debate y, en lo posible, la concentración del debate desempeñan un papel importante. Aquí, el § 246, párr. 1, dice de manera expresa que un requerimiento de prueba no puede ser rechazado por haber sido propuesto demasiado tarde (unidad del debate). Por otro lado, existen limitaciones en caso de dilación maliciosa (concentración).

La máxima de la concentración no se encuentra únicamente en el derecho de la prueba; los § 282, 283, 296 y 296*a* de la Ordenanza Procesal Civil prevén la posibilidad de rechazar una presentación tardía (la Ordenanza Procesal Penal no va tan lejos, principio de la verdad material).

Las limitaciones en el derecho procesal penal se encuentran en los § 244 y 245 de la Ordenanza. Según el § 244, párr. 3, un requerimiento de prueba puede ser rechazado cuando «está formulado con el fin de demorar el proceso». Lo mismo rige incluso respecto de los medios de prueba llamados presentes que, por el § 245, solo pueden rechazarse en muy pocos casos (ver lo que se ha dicho en el n° 6, al final). Nótese que la simple negligencia no justifica un rechazo. Debe ser evidente que la *finalidad* del requerimiento de la prueba es la de demorar el proceso.

La Ordenanza Procesal Penal también prevé las *costas*, en el § 466, párr. 3, 2ª frase, *nº* 1 (sin duda, no sin reparos, porque así el derecho del acusado a callar (§ 136) puede verse perjudicado).

En el *caso «a»*, el requerimiento de prueba de *A* debe ser tratado (§ 246, párr. 1). No puede ser rechazado conforme al § 244, párr. 3, porque no es evidente que *A* haya actuado con la finalidad de demorar el proceso. El tribunal puede rechazar el requerimiento y luego continuar el proceso con arreglo al § 258 únicamente si se dan circunstancias que hacen notoria esta finalidad. Incluso si no está demostrada la demora procesal, siempre queda la posibilidad de las costas según el § 467.

En cuanto al *caso «b»*, ver la sentencia 21, 118, de la Corte Suprema federal.

A la concentración del procedimiento también sirven los *plazos breves de los recursos* de la Ordenanza Procesal Penal. Mientras en el proceso civil los plazos de los recursos son, por lo común, de un mes, la Ordenanza se conforma con una semana (ver el § 311 para la queja inmediata, el § 314 para la apelación *y* el 341 para la casación). Sin embargo, nuestros procesos penales tardan demasiado (ver las exigencias previstas en el art. 6 de la Convención para los derechos humanos *y* al respecto la sentencia 24, 239, de la Corte Suprema federal).

En el ámbito de la abreviación del procedimiento, también deben mencionarse, eventualmente, las posibilidades que ofrece el *procedimiento sumario* con arreglo a los § 212 y ss. (en la práctica se lo utiliza muy poco, pero es importante en todos los casos de hechos cometidos por «Rowdies» y «Rocker» [empleado en 1977-1978 en Berlín]) y el procedimiento por mandato penal según los § 407 y ss. En estos procedimientos se trata en forma acelerada y simplificada la pequeña criminalidad. Mediante recursos correspondientes, se cuida de que esto no ocurra a costa de las posibilidades de la defensa del acusado.

8. Impulso oficial

Mientras el principio de oficialidad (ver lo que se ha dicho en el nº 1) concierne a la persecución del delito de oficio, el principio del llamado impulso oficial prevé que incluso se realice de oficio todo el procedimiento, no siendo necesaria una especial colaboración del imputado. Se puede discutir de si debe formularse para ello un principio procesal especial.

Por lo demás, ya no tenemos en nuestro derecho procesal en vigor demasiados restos del *impulso de parte* (lo contrario del impulso oficial). Prácticamente, no existe en el proceso penal el impulso de parte (prescindiendo de la acción privada que aquí también debe mencionarse; ver el nº 1). En el proceso civil no quedó nada del anterior principio del impulso de parte y, después de la nueva redacción del § 317 de la Ordenanza Procesal Civil por la Novela llamada simplificadora, tampoco la notificación de la sentencia (todavía, precisamente, la posibilidad del aplazamiento).

La *notificación* de documentos es, en el proceso penal, asunto que le incumbe a la secretaría del tribunal (§ 36, párr. 1, de la Ordenanza Procesal Penal). Según el § 214 de la Ordenanza, la secretaría también debe efectuar las citaciones para el debate y presentar los elementos materiales de prueba. Un cierto resto de impulso de parte existe en la citación de testigos al debate por el acusado. Él también presenta, en principio, sus requerimientos de prueba ante el tribunal. Si el tribunal rechaza la citación solicitada por el acusado de un testigo determinado, el mismo acusado puede citarlo (§ 220, párr. 1). Entonces, esta citación no se hace por medio del ministerio público, sino, conforme al § 38, mediante el oficial de justicia.

9. Publicidad

Casos:

a) En un debate contra el conocido político *A* (cuya inmunidad ha cesado), el tribunal excluye la publicidad a fin de evitar que se lo ataque en la prensa. ¿Es esto admisible? ¿Cuáles son las consecuencias de esta situación? En este caso, ¿no debería admitirse la televisión para que el público tenga una amplia información?

b) *F*, amigo de A, está presente en el debate. Recibe con silbidos cada declaración testimonial desfavorable para A, y cuando declaran los testigos de descargo, expresa su aprobación con aplausos. También está presente en el debate un amigo del fiscal, que se comporta en forma exactamente opuesta. El tribunal G ¿qué hace?

c) Durante el debate, el tribunal G nota que entre los asistentes se halla *X*, contra quien está pendiente un procedimiento de investigación (instrucción) por los mismos hechos (A era autor anterior o partícipe). El tribunal G expulsa a X de la sala. No había advertido que antes que comenzaran las exposiciones finales, la puerta de la entrada principal del tribunal se había atascado y que Y, que quería escuchar al defensor, no podía entrar. Para colmo, durante el pronunciamiento de la sentencia, un reportero saca la cámara filmadora.

a) En el primer capítulo ya se ha dicho que la exigencia de la publicidad del debate en los asuntos penales constituyó una de las pretensiones políticas importantes de la Revolución Francesa y que este principio se había abierto paso, en virtud de la recepción del derecho procesal francés, en el derecho procesal alemán (en primer término, en las ordenanzas procesales penales de los Estados) (el proceso penal alemán anterior a la recepción del derecho romano, era público y oral; por consiguiente, la segunda recepción restableció, en el ámbito del derecho procesal, solamente una situación anterior, ciertamente dentro de un derecho procesal reformado y más complejo).

La publicidad del proceso penal concierne al *control* de la justicia penal *por la colectividad.* Los asuntos penales son demasiado importantes como para que se los pueda tratar secretamente (como en el derecho procesal común). En la democracia, soberano es el pueblo. En su nombre se administra justicia (ver el § 268, párr. 1, de la Ordenanza Procesal Penal: la sentencia se pronuncia en nombre del pueblo) y el juez es únicamente el representante de la comunidad jurídica. De esto él debe darse siempre exactamente cuenta y también *A* debe saber que el público controla el procedimiento.

Los principios relativos a la *publicidad* del debate en los asuntos penales se encuentran (juntamente con las disposiciones sobre el debate en los asuntos civiles) en el 14° título de la ley de organización judicial, § 169 y ss. Rigen (así como el principio de oralidad; ver lo que se ha dicho en el nº 5) exclusivamente para la parte más importante del procedimiento penal —el debate—. El § 169, 1ª frase, de dicha ley determina que «el *debate* ante el tribunal cognitivo, con inclusión del pronunciamiento de las sentencias y de los autos» ha de ser público. A este respecto, público significa accesible a todos.

La actividad de los órganos de persecución *no* es *pública* en el *procedimiento de investigación* (instrucción) y en el *intermedio.* Esto vale también respecto de actos judiciales en estos períodos procesales. Aquí, prever la publicidad demoraría excesivamente la tramitación de estas partes del proceso. Cada acto debería comunicarse al público con anterioridad (por ejemplo, respecto de los términos para prestar declaración, en la policía, ministerio público, tribunal, etc.). Por otro lado, basta el control público del debate, porque únicamente lo tratado en el debate puede fundar la sentencia (sobre ello, *supra,* nº 5).

También forma parte de la publicidad la posibilidad de asistencia para los *relatores judiciales* de la prensa. Según el § 169, 2ª frase, de la ley de organización judicial, la televisión y la radio no están admitidas (tampoco las grabaciones y las impresiones de películas para su audición y exhibición pública, pero está permitido el uso de cintas magnetofónicas para retener declaraciones de testigos). Aquí, el interés de protección del acusado no coincide con el interés del público de estar informado (ver las sentencias 16, 111, y 19, 193, de la Corte Suprema federal). En la radio y en la televisión (no así en la información periodística proporcionada por relatores judiciales) existe el peligro de que algunas partes del debate (separadas del contexto; no puede trasmitirse el debate en su totalidad!) que constituyen una especial carga (o también un descargo) para el acusado, ofrezcan un cuadro falso. Además, la defensa podría sentirse cohibida. Ya el debate es una carga psíquica pesada para él!

Por consiguiente, en el *caso «a»,* no puede admitirse, tampoco si media la conformidad del acusado, la televisión. El debate no debe convertirse en una manifestación electoral ni dar a los reporteros de la televisión la posibilidad de atacar a ese político. En cuanto al *caso «c»,* ver las sentencias 22, 83, de la Corte Suprema federal (en lo que se refiere a la pausa en el debate, la sentencia 23, 123). Se ocupan de la puerta cerrada las sentencias 21, 72, y 24, 72, y también 22, 297 (el agente de policía informa erróneamente que el debate no es público).

b) También el principio de publicidad en el debate sufre *excepciones.* Para el procedimiento penal debe mencionarse aquí lo dispuesto en los § 171a y 172 de la ley de organización judicial (el § 170 se refiere a asuntos de familia, el § 171 al procedimiento de incapacitación). Según el § 171*a,* la publicidad (para el debate o una parte de él) *puede* ser excluida si en el debate se trata del internamiento en un hospital psiquiátrico o en un establecimiento de deshabituación. El examen del estado mental del acusado o de su enfermedad se relaciona con problemas demasiado íntimos como para que pueda tenerse en cuenta la curiosidad de la gente. Pero este criterio no vale para todos los exámenes de la imputabilidad (sentencia 23, 82, de la Corte Suprema federal). Si en cada examen penoso se excluyera al público, nada le restaría al control de la Justicia. Por lo demás, según el § 172, el público puede quedar excluido en caso de que corran peligro la seguridad del Estado, el orden público, la moralidad o un importante secreto privado, de empresa o comercial.

El § 174 de dicha ley (léaselo) regula el *procedimiento.* Si el debate relativo a la cuestión de la exclusión del público no se realiza públicamente, la correspondiente decisión debe comunicarse, en cada caso, públicamente (§ 174, párrs. 1 y 2). Aun si se excluye al público, puede consentirse la asistencia de algunas personas (verbigracia, con fines educativos) (§ 175, párr. 2).

En el *caso «a»* no hay motivo alguno que consienta la exclusión de la publicidad (ver también la sentencia 23, 82, de la Corte Suprema federal: el acusado no puede pretender la exclusión del público para proteger su ámbito privado). La decisión es antijurídica, el procedimiento, defectuoso. La sentencia puede ser impugnada con la apelación o con el recurso de casación. El defecto es tan grave que, según el § 338, nº 6, de la Ordenanza Procesal Penal, existe un motivo absoluto de casación.

Aunque la publicidad estuviera excluida, el pronunciamiento es, en cada caso, *público* (§ 173 de la ley de organización judicial). Solamente al anunciar los motivos, es posible excluir la publicidad (total o parcialmente). Con arreglo al § 174, solo es posible una excepción cuando se pronuncia la decisión que excluye la publicidad. Ella puede llevarse a cabo en una sesión no pública, si pueden temerse perturbaciones considerables (no es ésta una buena reforma; a mi juicio, los casos de pandilleros violentos («patoteros») deben ser tratados de otra manera, ¡para ello existen los medios!). Incluso si resulta lesionado el § 173, párr. 1, se da un motivo absoluto de casación (es correcta la sentencia 4, 279, de la Corte Suprema federal en contra de la anterior sentencia 71, 377, del Tribunal del Reich, aunque sus fundamentos no fueran, de ninguna manera, aproximadamente nazis.

Dado que la publicidad es una de las formalidades más importantes, su exclusión y reconstitución (por ejemplo, para el pronunciamiento de la sentencia) deben asentarse en el *acta,* § 272, nº 5, de la Ordenanza Procesal Penal: un descuido en boga cometido por los secretarios de actas, el cual produce efectos funestos, porque contra la corrección del acta solo es admisible la demostración de falsedad. Si no consta la reconstitución de la publicidad en el pronunciamiento de la sentencia, está asegurado para la defensa el éxito de la casación. Ver, acerca del caso inverso (tan solo en el acta consta la reconstitución de la publicidad), la sentencia 17, 202, de la Corte Suprema federal.

Una excepción fundamental al principio de la publicidad se encuentra en el *procedimiento para los menores* (§ 48 de la ley sobre tribunales para menores). Tampoco el pronunciamiento de la sentencia *se* realiza públicamente. El joven debe estar protegido contra la curiosidad. Aquí, el fin educativo predomina sobre el interés público (aunque sea justificado). Sobre la consecuencia de la lesión, ver la sentencia 23, 176, de la Corte Suprema federal.

A pesar de la publicidad del debate, se puede negar a ciertas personas la asistencia, por ejemplo, a niños, a personas desnudas o vestidas en forma particularmente chocante (§ 175, párr. 1, de la ley de organización judicial). Lamentablemente, se ha exagerado, a menudo, cuando se ha hecho referencia a la «dignidad del tribunal». Así, se ha creído que sobre la base del § 175, se podía expulsar de la sala de audiencia a una abogada porque se había presentado con las uñas pintadas de rojo.

El mismo destino le tocó a un fiscal que esperaba (!) sentado en la sala de audiencias, llevando una camisa blanca y una corbata negra, pero estaba sin saco (ver Tribunal Territorial de Karlsruhe, «Neue Juristische Wochenschrift», 1977, 311: «El sentimiento de lo que hasta ahora era evidente [ha sido] destruido... un caso único hasta ahora...»).

No se trata (tampoco en el § 175) de una «dignidad» abstracta, sino de la *realización ordenada del procedimiento.* Solo puede incluirse *en* la disposición lo que en este sentido perturba. El § 175, así como las disposiciones sobre la policía de la audiencia (§ 176 y ss.), deben interpretarse de nuevo (ver Baumann, «Zeitschrift für Rechtspolitik», 69, 34 y *ss.).* El «orden» mencionado en el § 176 no es un orden en el sentido de impedir una «misa de derecho penal», que debe «celebrarse», sino un orden que realice el procedimiento en forma correcta y disciplinada y, sobre todo, mantenga las posibilidades de la defensa.

Esto es particularmente evidente en el *caso «b».* El amigo de A y el amigo del ministerio público perturban el curso ordenado del procedimiento, vuelven poco seguras la acusación y la defensa; lo hacen, tal vez, en forma hábil desde el punto de vista psicológico, pero inadmisible. Precisamente, en los tumultos que desencadenan los procesos estudiantiles, también debería pensarse en el efecto que puede surtir la cólera contra A de un gran número de oyentes (que durante el debate piden su cabeza), en la situación psíquica de él y en la del tribunal. No admitimos una misa de derecho penal o quizá una misa pontifical; pretendemos orden en el debate, a saber, una realización disciplinada sin intervenciones improcedentes de parte del público. En lo que al abogado se refiere, ver Müller, «Neue Juristische Wochenschrift», 1979, 22.

En cuanto al *caso «c»,* ver las sentencias 3, 386, y 21, 72, de la Corte Suprema federal.

10. Derecho a ser oído legalmente

Casos:

a) Dado que *A,* el acusado, durante todo el debate, hizo solamente comentarios políticos generales sin referirse al asunto, el tribunal ya no le concede la palabra. Finalizado el debate, el tribunal G cree que no es necesario que *A* le vuelva a leer las palabras del presidente Mao y, después del informe de la defensa, se retira para deliberar. ¿Es esto admisible?

b) En el informe final, el ministerio público pide la confiscación de la que no se había todavía hablado durante todo el procedimiento. Durante el informe final del defensor, el tribunal asienta por escrito la parte resolutiva (§ 268, párr. 2, de la Ordenanza Procesal Penal). ¿Se anulará la sentencia?

a) El principio según el cual existe el derecho de ser oído legalmente ante los tribunales, significa que en el procedimiento penal, y especialmente en el debate, el acusado, precisamente, debe ser oído siempre y que puede defenderse siempre y en la forma que parezca adecuada. En esta generalidad, la Ordenanza Procesal Penal no establece normas respecto del principio. Se lo encuentra, en general, en el art. 103, párr. 1, de la Ley Fundamental («Todos tienen derecho a ser oídos legalmente ante los tribunales»). Está expresado genéricamente en el § 33 de la Ordenanza Procesal Penal y también está formalizado y concretado en numerosos puntos; esto último, porque en un texto tan general (¡se comprende que en caso de colisiones, la Ley Fundamental tenga prioridad sobre el derecho procesal penal!) no existiría una garantía segura para que este principio sea observado, y, en principio, para que al acusado distraído o irreflexivo se lo coloque en conocimiento de todas sus posibilidades de defensa (al acusado también se le debe preguntar, por ejemplo, con arreglo al § 257 de la Ordenanza Procesal Penal, si él, desde un principio, ha desistido de tomar cualquier posición frente a la imputación o, de otra manera, ha renunciado a esa posibilidad.

En el debate este principio se encuentra no solo en los derechos de formular aclaraciones en los § 257 y 258, sino también en los de formular preguntas conforme a los § 240, párr. 2, y 241 a, párr. 2. Después de cada interrogatorio de testigos o peritos, al acusado le corresponde la palabra en primer término. Ya al ser interrogado, el acusado tiene el derecho de formular preguntas. Con sus preguntas, puede obligar al testigo o al perito para que declare cosas y amplíe esa declaración de tal forma que al testigo o al perito les resulte todo lo contrario a su agrado. Además, la última impresión ejercida sobre el tribunal proviene del acusado (la última palabra le corresponde a él, § 258, párr. 2).

En el *caso «a»*, el tribunal ha infringido los § 257, párr. 1, y 258. Es un vicio procesal grave que, según el § 338, *nº* 8 (por ejemplo, si resulta lesionado el derecho de formular preguntas: § 241, párr. 2, en conexión con el § 242), puede ser un motivo absoluto de casación. (Por cierto, este motivo absoluto de casación se aproxima a los motivos de casación relativos). Ver, además, los casos a que se refieren las sentencias 9, 77; 18, 84, y 20, 273, de la Corte Suprema federal.

En cuanto al *caso «b»*, ver las sentencias 11, 74, y 16, 47, del mismo tribunal.

Otras estructuraciones del principio general de que se trata se encuentran, por ejemplo, en el § 33 (ninguna decisión del tribunal sin antes haber oído al interviniente), en el § 33*a* (si falta la posibilidad de la queja, oír al interviniente, por lo menos, *con posterioridad;* estas disposiciones rigen para todas las decisiones judiciales), 308 (derecho de oposición), 311*a* (según el § 33*a*, audiencia posterior), etc.

b) El principio estaría en el aire si no se fundara en los *derechos de asistencia* del imputado. Solo puede pedir la palabra y defenderse correctamente quien está presente en el proceso y en sus distintas partes. En lo que respecta al derecho de asistencia, ver lo que ya se ha dicho a propósito del principio de inmediación en el nº 6, *a*. La asistencia del acusado no sirve solamente a la posibilidad de la libre convicción de su comportamiento en el proceso (estas consecuencias a que da lugar el comportamiento del acusado deben ser atendidas con el mayor cuidado), sino también a su total información y posibilidad de defensa.

c) En general, debe existir la seguridad de que el acusado *se* entera *en el momento oportuno* de un procedimiento pendiente contra él (no tan tarde como para que ya no esté en condiciones de preparar su defensa). Aquí se encuentran, en parte, las mismas disposiciones ya tratadas con motivo del principio de la oralidad (se trata incluso aquí de salvaguardar las posibilidades de la defensa).

Según el § 163*a* (introducido por la pequeña reforma del derecho procesal penal), el imputado debe ser *interrogado* en el procedimiento de investigación, a no ser que el procedimiento conduzca a su cierre (sobreseimiento). Esta disposición pretende procurar al imputado, de todos modos, antes de la presentación de la acusación, la posibilidad de señalar circunstancias de descargo, hacer comentarios jurídicos, nombrar testigos para coartadas. Para el § 163*a*, basta una declaración ante funcionarios policiales (¡que hasta ahora se hizo casi siempre!). La audiencia de cierre, introducida ínterin por ante el ministerio público, fue suprimida nuevamente por no ser practicable.

En el *procedimiento intermedio* la acusación debe serle comunicada al procesado y éste debe ser invitado, según el § 201, a dar explicaciones. Para la *preparación del debate,* se le notificará el auto sobre la apertura del procedimiento principal, a más tardar, con la citación, § 215. El acusado dispone del derecho de requerir pruebas, § 219. El debate comienza, con arreglo al § 243 (luego de llevarse a cabo algunas formalidades) con el interrogatorio sobre la persona y, después, sobre el hecho.

No necesariamente el imputado tomará conocimiento acerca del procedimiento de investigación, si el procedimiento ha sido sobreseído. El texto del § 170, párr. 2, fue ampliado en 1953 (si el imputado ha solicitado enterarse o si consta un especial interés), pero no aún en medida suficiente. Por cierto, el hecho de no informar al imputado (denunciado, verbigracia, por un pleitista notorio) puede servir mejor al mantenimiento de la paz jurídica que la información. Puede ocasionar enemistades personales el hecho, por ejemplo, de que *Y* se entere de que su vecino *X*, en un momento de aturdimiento, lo ha denunciado. Sin embargo, debe evaluarse, a mi juicio, el interés de la protección de Y (que tiene la posibilidad, en determinadas circunstancias, de perseguir a X por injuria y formular denuncia por falsa imputación con arreglo al § 164 del Código Penal). Esto puede tener como consecuencia una carga innecesaria de los órganos de persecución penal y una serie interminable de procesos penales, pero también puede servir por completo a la paz jurídica: en suma, hay que exigir que el imputado (y el instante, § 171) también tengan siempre conocimiento del cierre del procedimiento (sobreseimiento).

En el procedimiento de investigación contra *jóvenes,* el § 44 de la ley sobre tribunales para menores dispone la declaración judicial o ante el ministerio público, si puede esperarse una pena de menores para ellos (esto es importante, incluso si se prescinde de la persecución con arreglo al § 45 de la ley sobre tribunales para menores).

Disposiciones *especiales* en materia de declaraciones existen en los medios *procesales* coercitivos que intervienen en la libertad de la persona. Ver al respecto los § 115 y 115*a* de la Ordenanza Procesal Penal en la detención preventiva y los § 128 y 129 en la aprehensión provisional (derecho constitucional; art. 104, párr. 3, de la Ley Fundamental).

d) En sentido amplio, también forman parte del principio todos los *derechos sometidos a instancia* del imputado. Piénsese aquí en los distintos *derechos de requerimiento de prueba* (§ 136, párr. 2; 163*a*, párr. 2; 166, 201, 219 y 244-245 de la Ordenanza Procesal Penal), en la *legitimación para recurrir,* etc. Aunque no se trate aquí de la nueva comunicación de hechos o de opiniones jurídicas, estas declaraciones procesales de voluntad contienen, incidentalmente, tales tomas de posición. Prescindiendo de esto, dichos derechos le dan al imputado una influencia mucho más relevante sobre el curso del proceso que las demás aclaraciones. En este sentido, *refuerzan* el principio referente al derecho a ser oído legalmente (ante el cual, se piensa, en primer término, en una colaboración más pasiva del imputado).

11. Libre convicción

Casos:

a) *A*, el acusado, cometió un robo. *B* lo ha visto. *B* denuncia a *A*, pero a éste se lo absuelve por falta de pruebas. Esto no impide que el denunciante *B* proclame ruidosamente que *A* cometió un robo. A continuación, *A* interpone querella por injuria y difamación. *B* ¿puede o debe ser condenado?

b) En el debate, *Z 1*, pariente de *A*, el acusado, se niega a declarar. También *A* calla. ¿Puede esto perjudicar *a A? Z 2* declara. El defensor toma apuntes e informa, en los motivos de casación, que el tribunal de apelación ha valorado erróneamente la declaración de Z 2.

a) En los derechos procesales modernos, rige el principio de la libre convicción judicial, o sea, el principio según el cual el juez puede apreciar las pruebas sin tener que observar disposiciones especiales, es decir, las puede apreciar «libremente», § 261 de la Ordenanza Procesal Penal y § 286 de la Ordenanza Procesal Civil. Esto no sucedió siempre. En el antiguo derecho procesal alemán y aun en la *Constitutio Criminalis* Carolina existían reglas ingeniosas sobre las pruebas, que se apoyaban, en parte, en una experiencia centenaria (y también, en parte, en la parcialidad), como, por ejemplo: «Tan solo la boca de dos testigos revela la verdad». Había testigos en que se podía confiar plenamente y testigos de calidad inferior (por ejemplo, poblaciones nómades). De estas reglas sobre las pruebas, no ha quedado nada. Existen algunas limitaciones del principio (ver en la letra *b*), pero ya no tienen ninguna vinculación con una primitiva psicología testimonial de derechos procesales anteriores.

El juez, que debe averiguar la verdad material (ver lo que se ha dicho en el n° 4) y usar, con este fin, todos los medios de prueba existentes (deber de esclarecimiento, § 244, párr. 2), no está expuesto, *al apreciar la prueba,* a ninguna traba. Incluso si dos testigos (por lo demás, personas merecedoras de crédito) producen prueba de cargo contra el acusado, el juez no está obligado de ningún modo a condenar —y a la inversa—. Tampoco puede alegar que esos testigos merecen crédito en general y que habían declarado bajo juramento. Si queda una duda, si falta la convicción de que el acusado había cometido el hecho (componente subjetiva: sentencia 10, 208, de la Corte Suprema federal) *o* la probabilidad lindante con la seguridad (componente objetiva), el tribunal deberá absolver.

En lo que se refiere al principio en materia de pruebas *in dubio pro reo,* a su ámbito de aplicación (y a su relación con la alternatividad), remito a los comentarios que figuran en mi *Tratado de derecho penal, Parte general,* § 14, así como a la monografía del mismo título de Stree.

Ciertamente, esta libertad del juez en la apreciación de la prueba (de disposiciones limitadoras) no ha de degenerar en *arbitrio.* También el juez debe respetar los límites de un juicio sensato; la lesión de leyes de raciocinio y de principios de experiencia está equiparada, en el ámbito de la casación, a la lesión de la ley en el § 337 de la Ordenanza Procesal Penal.

En el *caso «a»,* se pudo absolver a pesar de la declaración de *B,* por ejemplo, si, por la oscuridad, éste no pudo ver correctamente, si la memoria le había fallado algo, si puede comprobarse una cierta enemistad suya contra *A,* si tiene, en general, fantasías, etc. Por otro lado, no se deben pasar por alto las declaraciones de los testigos *B, C y D* y atenerse, sin motivos razonables, a la declaración del testigo *E,* enfermo mental. En cuanto al *caso «b»,* ver, sobre la apreciación del silencio, la sentencia 22, 113, de la Corte Suprema federal (en contra de las sentencias 2, 351, y 6, 279, del mismo tribunal) y, sobre los apuntes, la sentencia 15, 347. En lo que atañe al silencio de *A,* ver la sentencia 20, 281.

El principio de la libre convicción judicial también rige para la apreciación de *dictámenes de los peritos.*

El *perito* (ver los § 72 y ss.) es una persona que no ha de declarar sobre hechos (como el testigo), sino ayudar al juez a propósito de las consecuencias que los hechos producen (es un «colaborador del juez»). En este sentido, ayuda al juez cuando el tribunal no posee *conocimientos específicos propios* (piénsese en los peritos médico-legales, psiquiátricos y toxicológicos, en los peritos en caso de accidentes de tránsito, interrogatorio de niños, falsificación de documentos, delitos sexuales, etc.). No obstante, el juez no está vinculado al dictamen del perito. Su apreciación debe ser libre. Si el dictamen no le parece claro, podrá recurrir a otro perito (§ 83, párr. 1) o también, sin él, valorar el dictamen libremente y rechazarlo. Responsable de la conclusión no es el perito, sino el juez. En cuanto al caso Bartsch, ver la sentencia 23, 176, de la Corte Suprema federal. Por cierto, aquí también el juez actuará con cautela. No debe valorar negativamente y pasar por alto un dictamen, porque no puede aprobar los argumentos del perito en todos los pormenores.

Forma parte del principio de la libre convicción judicial (el cual rige no solamente en el debate, sino también, a pesar de la ubicación del § 261 en la ley, respecto de actos judiciales en los períodos procesales anteriores) el criterio según el cual el juez tiene que decidir por sí mismo acerca de *cuestiones prejudiciales de derecho civil* o *público*. Ya se ha señalado (en el nº 3) lo que disponen el § 262, sobre todo en el párrafo 2, y el § 154*d*. El juez penal no está vinculado a la apreciación de los hechos, realizada, tal vez poco antes, por un tribunal civil y, menos aún, a la comprobación de los hechos en el proceso civil (¡allí donde solo rige el principio de la verdad formal!). Esto vale incluso si, por ejemplo, la Corte Suprema federal había decidido en última instancia. El juez penal puede juzgar, verbigracia en el marco de una investigación con arreglo a los § 263 y 266 del Código Penal, la situación de derecho civil en forma completamente distinta a la de la Sala en lo Civil de la Corte Suprema federal. Puede juzgar en otra forma la situación referente a la propiedad (por ejemplo, en el marco del § 246 del Código Penal), etc. Por cierto, tampoco aquí el juez penal deberá «excederse». A menudo, una desviación de la jurisprudencia de los más altos tribunales en asuntos civiles ocasiona únicamente la anulación de la sentencia en la próxima instancia. En consecuencia, préstese atención cuando se discrepa en la valoración jurídica de hechos. En cambio, existe mayor libertad si se discrepa en la apreciación de las pruebas (son otros y mejores los métodos de investigación en el proceso penal).

En el proceso penal se debe tener siempre presente que distintos actos procesales poseen *grados de verosimilitud* distintos de los presupuestos jurídicos. Para la condena rige (ver las sentencias 58, 131, y 72, 90, del Tribunal del Reich) la ya mencionada «verosimilitud lindante con la seguridad», además de la convicción subjetiva del juez. En cambio, para dictar la apertura del procedimiento principal es necesaria, según el § 203 de la Ordenanza Procesal Penal, tan solo una «suficiente sospecha» y, para dictar la detención preventiva, una «vehemente sospecha», § 112, párr. 1.

b) Las *excepciones* al principio de la libre convicción judicial están delimitadas en forma estricta. El § 190 del Código Penal y el § 274 de la Ordenanza Procesal Penal contienen los dos casos más importantes.

Según el § 190, la *sentencia penal* firme produce, en el procedimiento sobre injurias, la prueba en favor y en contra de la afirmación de quien injuria. Se trata aquí del efecto pacífico del procedimiento penal concluido por sentencia firme. Si se ha absuelto con sentencia firme, nadie puede tener el derecho de reprochar nuevamente al anterior acusado el hecho punible cometido presuntamente por él (§ 190, 2ª frase). La primera frase de esta disposición no cubre este punto de vista. Es, a mi juicio, superflua, dado que aquí solo se trata de facilitar la prueba a quien ha injuriado.

En el *caso «a»* el tribunal está vinculado a la sentencia absolutoria. *B* tiene en sí razón, pero no puede aprovechar este derecho haciendo otros reproches a *A*. Para el delito de *A*, la absolución firme inmoviliza el derecho material y ya no permite un regreso al estudio de la situación jurídico-material. Incluso si el tribunal, en la acción privada, llega a la convicción de que *A* ha cometido el hecho afirmado por *B*, debe condenar sobre la base del § 186 del Código Penal.

B solo tendría, para eludir la condena, una posibilidad, la de promover una revisión del proceso contra *A*, conforme al § 362 de la Ordenanza Procesal Penal (por ejemplo, si éste se hubiera vanagloriado, ínterin, del hecho cometido por él).

Al considerar el tema de la publicidad, ya se ha señalado el peligro que el § 274 representa. Cuando se trata de observar las *formalidades,* solo es admisible la demostración de falsedad. Sumamente discutida es la cuestión de si una rectificación del acta es todavía posible, una vez que el defensor, para demostrar la inobservancia de las formalidades, se ha remitido al acta. A mi juicio, debe responderse en sentido negativo (en cambio, antes son posibles modificaciones, rectificaciones y agregados); ver las sentencias 2, 125; 10, 145, y 12, 270, de la Corte Suprema federal. También se discute si el defensor puede referirse al acta contra su propia convicción, para obtener la casación conforme al § 338, n° 6 (en el acta no constaba la renovación de la publicidad, pero el defensor sabe exactamente que se hizo). ¿Es esto impropio? En la sentencia 7, 164, la Corte Suprema federal no resuelve la cuestión. ¿O debía hacerse y admitirse una rectificación del acta?

Ver, acerca de estas cuestiones, Peters, *Lehrbuch,* § 22, II, 3; Gossel, § 34, B, III, *c;* Henkel, *Lehrbuch,* § 94, con ejemplos; Kern-Roxin, *Studienbuch,* § 50; y Zipf, IV. 4.2242, al final.

La fuerza probatoria del acta no rige más allá del procedimiento concreto. Así, el § 274 no puede cortar la investigación de la verdad respecto de si realmente —según dice el acta— un testigo ha declarado bajo juramento. En el procedimiento sobre juramento falso contra Z, debe demostrarse que éste ha prestado un juramento.

No pertenece al ámbito del sometimiento vincular de los jueces al que las sentencias constitutivas, que se pronuncian, por ej., en un proceso civil, tengan que ser obedecidas por el juez penal (efecto de subsunción).

Una sentencia firme de divorcio crea relaciones de derecho civil: a partir de la sentencia firme, ya no existe matrimonio. Esto rige también para la apreciación penal. El juez penal no puede llegar a otro resultado, porque la situación jurídica ya la crea (aun cuando sea errónea desde el punto de vista jurídico-material) el juez civil. En cambio, el juez penal no está vinculado a los motivos que han impulsado al juez civil a adoptar esta decisión. ¡Efecto de subsunción, y no de verificación fáctica!

Los principios enunciados en los números 1 a 11, determinan y caracterizan nuestro derecho procesal penal en vigor. Ofrecer aquí una breve síntesis, no sería apropiado, porque ésta no podría abarcar todo el ámbito del principio correspondiente.

En cambio, se aconseja solucionar los casos sin recurrir al texto. Trátese de escoger las disposiciones legales pertinentes y reflexiónese sobre su evolución histórica. Imagínese cómo se presentaría un derecho procesal penal que no incluyera este principio o tomara como punto de partida el principio opuesto. Compárense siempre los «Conceptos fundamentales del proceso civil», capítulo 2.

CAPÍTULO 3

SUJETOS PROCESALES

En el tráfico jurídico civil los sujetos jurídicos realizan actos jurídicos y producen así consecuencias jurídicas determinadas; del mismo modo, en el proceso obran sujetos procesales (que, entre ellos, se hallan en una relación jurídica procesal) que realizan actos procesales, de los cuales surgen situaciones jurídicas procesales y, por último, el objeto del proceso resulta impulsado hacia la meta del proceso (la decisión sobre el objeto del proceso). Desde el punto de vista constructivo, se podría situar la relación jurídica procesal en el comienzo del estudio, porque aquí se encuentran los sujetos procesales y aquí éstos producen efectos con actos procesales, y esta relación jurídica procesal determina en cada momento (en cada situación) del procedimiento los derechos y deberes mutuos. Sin embargo, parece oportuno, por razones didácticas, estudiar en primer término los sujetos procesales, los sujetos jurídicos que obran en el proceso. Al considerarlos, se puede hacer referencia a conocimientos ya existentes. Son vitales (corresponden a roles sociales, más o menos conocidos) y desde aquí debería comprenderse con mayor facilidad la construcción jurídica.

Sobre los actos jurídicos de los sujetos procesales, ver en el capítulo 4 los principios más importantes. La relación procesal se expondrá una vez considerados los actos procesales y con una rápida ojeada de conjunto sobre los presupuestos procesales.

En el proceso penal obran muchos sujetos procesales (más numerosos que en el proceso civil) en posiciones muy diferentes (porque el proceso penal está estructurado en forma más complicada que el proceso civil común —proceso de partes—) y con muy diferentes cometidos (no así en el derecho civil y en el derecho procesal civil, en el cual domina el papel de la parte). Pueden formarse *tres grupos principales:* el tribunal y los auxiliares del tribunal como entidad de decisión (ver los números I y II); los sujetos procesales en la *función activa* o acusatoria: ministerio público y auxiliares, acusador privado y acusador conjuntos (n° III, IV y V); por último, los sujetos procesales en la *función pasiva o* parte acusada: imputado y defensor (n° VI).

Función activa no significa que los sujetos procesales solo deban actuar dentro de esta función, y *función pasiva* no indica que ellos solo deban tolerar. También obran los imputados y los defensores, e incluso el ministerio público debe, en ocasiones, tolerar. Estas expresiones no significan tampoco que en la función activa solo se emprendan actos en perjuicio de la función pasiva. Acerca del deber del ministerio público de actuar también en favor del imputado, interponer recursos, etc., ver lo que ya se ha dicho en el capítulo 2, n° 2, *a*.

I. TRIBUNALES PENALES

Casos:

a) El ministro plenipotenciario de Venezuela en Bonn injuria a un diputado federal, que le contesta del mismo modo. Los tribunales ¿son competentes para este caso? ¿Cuál sería el tribunal material y territorialmente competente para decidirlo? ¿Qué instancia correspondería?

b) El juez municipal *M* de Colonia estima que a los hechos punibles cometidos durante el carnaval corresponden, por regla general, circunstancias atenuantes y que los daños y lesiones corporales leves deben ser impunes. El presidente del tribunal, oriundo de Stuttgart, no comparte esta opinión. ¿Puede él trasladar a *M*, suspenderlo o corregir el tumo judicial (división de los asuntos) durante el período de carnaval (para *M* ninguna causa relacionada con el carnaval), etc.?

c) El escabino *E* nota con sorpresa, durante el debate, que el acusado es su hijo extramatrimonial, cuya existencia había ignorado desde hacía 20 años. ¿Puede él decidir en este asunto (en favor del acusado *A*)?

1. Jurisdicción penal; tribunales penales

En el proceso penal, los tribunales son sujetos de decisión. Se trata de instituciones estatales; la jurisdicción penal en mano de los particulares, por ejemplo, sobre el personal de servicio que atiende bienes agrícolas, ha sido suprimida desde hace tiempo. Dichos tribunales están a cargo de jueces profesionales y, en parte, también de jueces legos (siempre que no deban decidirse solo cuestiones jurídicas). Son independientes del Poder Ejecutivo y del Legislativo (separación de poderes, arts. 20 y 92 de la Ley Fundamental) y también son independientes de la organización de justicia (entendida en el sentido administrativo), decidiendo acerca del objeto del proceso en el marco de los derechos y deberes que les asigna la relación procesal. Si deciden en forma definitiva el objeto del proceso, su meta está alcanzada y la relación procesal ha terminado (dado el caso, se agrega la ejecución). Ver los «Conceptos fundamentales del proceso civil».

a) La *jurisdicción penal* —jurisdicción en asuntos penales (§ 13 de la ley de organización judicial)— es una parte de la *jurisdicción general,* comparte sus exenciones (por ejemplo, la extraterritorialidad), contiene liberaciones adicionales (por ejemplo, la inmunidad) y se expresa como la jurisdicción general vista por el Estado como soberanía judicial y vista por el ciudadano como sujeción judicial.

Todos los asuntos penales (infracciones a leyes penales) a los cuales se aplica, conforme a los § 3 y ss. del Código Penal, el derecho penal alemán, corresponden a la jurisdicción penal de los tribunales penales alemanes federales (ver el § 3 de la ley de introducción a la Ordenanza Procesal Penal); son tratados y decididos por esos sujetos procesales, con arreglo al derecho procesal penal alemán.

En el *caso «a»*, el ministro plenipotenciario es, según el § 18 de la ley de organización judicial, extraterritorial y está eximido, por tanto, de toda la jurisdicción penal alemana. No está sometido, por consiguiente, a la jurisdicción penal alemana. El diputado federal está *sometido* a la jurisdicción alemana federal, pero, en virtud del art. 46, párr. 2, de la Ley Fundamental, goza de inmunidad, o sea, no se lo puede perseguir penalmente. No obstante, la exención de la jurisdicción penal (temporal, pero esto se discute) puede ser derogada por decisión de la Comisión de inmunidad de la Cámara federal de diputados; ver más datos sobre la jurisdicción y la jurisdicción penal y las cuestiones discutidas, en Baumann, *Strafrecht. Allgemeiner Teil,* § 6.

Según la clasificación algo anticuada del § 13 de la ley de organización judicial, la jurisdicción penal es una parte de la *jurisdicción ordinaria.* Por eso, pertenece al núcleo histórico de la jurisdicción estatal, ejercida por medio de los tribunales mencionados en el § 12 de la ley referida (en contraposición con la jurisdicción especial y administrativa). El croquis siguiente proporciona una ojeau.i de conjunto más evidente sobre la jurisdicción:

Tribunales superiores federales

Jurisdicción	civil	ordinaria	Corte Suprema federal
		laboral	Tribunal laboral federal
	penal		Corte Suprema federal
	administrativa	general	Tribunal administrativo federal
		fiscal	Corte fiscal federal
		social	Tribunal social federal
	constitucional		Corte constitucional federal (para el derecho constitucional estadual: tribunales constitucionales o cortes supremas de los Estados federados)

No forman parte de los tribunales *especiales* en el sentido del § 13 los *tribunales para menores* que se ocupan de asuntos penales contra los jóvenes (y también de los que se relacionan con su protección). Estos tribunales son un sector de la jurisdicción penal ordinaria; a su competencia prioritaria frente a los tribunales de la misma categoría para los adultos, por razones de especialidad, se la trata como una competencia material. Por consiguiente, no existen, en el procedimiento penal, tribunales especiales.

Tampoco la ley penal militar de 1957 (según el texto del 24/5/1974) prevé *tribunales militares* especiales. Deciden los tribunales ordinarios (derecho penal especial sin derecha procesal especial). Debe resistirse enérgicamente la tendencia de restablecer una jurisdicción especia] para los asuntos militares. Las presuntas ventajas de la proximidad de las tropas y de una mejor comprensión se obtendrían a costa de inconvenientes demasiado elevados (no aplicación u otra aplicación del derecho penal general, desarrollo o fomento de un especial espíritu de casta, etc.).

Mientras serían admisibles siempre (aunque no deseables) de todos modos los tribunales especiales, los *tribunales de excepción* no son lícitos: art. 101 de la Ley Fundamental y § 16 de la ley de organización judicial. Los tribunales de excepción son tribunales compuestos *ad hoc* para casos especiales (ver la sentencia 3, 223, de la corte constitucional federal), por lo que el Estado tiene la posibilidad de influir en la decisión, mediante la influencia en su composición. No son tribunales de excepción los tribunales que admite la ley de organización judicial respecto de grupos de *casos* especiales, en los cuales sean oportunos conocimientos específicos y sea razonable, al mismo tiempo, una centralización de la jurisdicción por razones de economía (por ejemplo, las cámaras especiales para patentes y protección de modelos industriales, las cámaras penales competentes en materia económica que tienen, a partir de la ley modificadora del procedimiento penal de 1979, una competencia especial propia esbozada en el § 74c de la ley de organización judicial o las cámaras de ejecución creadas por la ley de ejecución penal en el § 78*A*).

También son admisibles, con arreglo al § 74*a*, las cámaras competentes para asuntos político-penales de escasa trascendencia. Ventajas: la centralización jurisdiccional en todo el distrito correspondiente al Tribunal Superior estadual y los conocimientos específicos más amplios. Inconvenientes: la posición especial del derecho penal político, peligro de que los conocimientos específicos se dirijan a la persecución más severa de los delitos y en la interpretación más desfavorable de las disposiciones penales correspondientes.

Debe fomentarse la supresión de estas cámaras especiales y el traslado de todos los asuntos políticos penales a las cámaras penales normales y a las salas penales (en el Tribunal Superior estadual). Al respecto, la ley sobre la introducción general de una segunda instancia en asuntos penales referente a asuntos penales sobre protección del Estado del 8/9/1969, necesita una reforma. Por cierto, es imposible contar con una rápida modificación de esta situación, puesto que el legislador en la ley modificadora del procedimiento penal de 1979, también ha vuelto a definir, en el nuevo § 74*e*, la relación existente entre las cámaras competentes en materia de protección del Estado y las cámaras penales generales.

En el sistema en vigor de las competencias judiciales, el § 74*e*, que se acaba de mencionar, tiene significación esencial, porque resuelve la cuestión relativa a cuál debe ser, en caso de conflictos de competencia positivos entre tribunal de jurados, sala penal competente en materia económica, sala competente en materia de protección del Estado y sala penal general, el organismo al cual le corresponde prioridad. Al respecto —en el orden que se acaba de mencionar— se constituye, entre los distintos juzgados, una jerarquía que se ajusta a la *gravedad del delito inculpado*. Necesariamente, la competencia de la sala penal general ocupa el último lugar. Se ocupa de este punto detenidamente Katholnigg, «Neue Juristische Wochenschrift», 1978, 2375 (2376).

b) Los *tribunales penales* son, sobre todo, tribunales de los Estados federados; ver el § 12 de la ley de organización judicial, y solamente la última instancia en asuntos penales es un tribunal de la República Federal, la Corte Suprema federal. Nótese al respecto que dicha disposición toma como punto de partida el concepto de jurisdicción en el sentido referido a la *organización* (tribunales municipales, provinciales, etc.). La jurisdicción penal, o sea, la actividad decisoria en asuntos penales, solo les corresponde a los tribunales en sentido *funcional*: así, son tribunales penales en el tribunal municipal el juez unipersonal y el tribunal de escabinos; en el tribunal estadual, la Cámara penal pequeña y grande (como también la Cámara Penal para resoluciones interlocutorias) y la de los jurados; en el tribunal superior estadual y en la Corte Suprema federal, las distintas salas penales.

La *composición* de los distintos tribunales será objeto de mayores detalles cuando tratemos la competencia material.

Es importante que en los procedimientos que tienen lugar en primera instancia ante el Tribunal estadual o el Tribunal Superior estadual, pueda censurarse una *composición errónea* del banco de los jueces (§ 222*b*, párr. 7, de la Ordenanza Procesal Penal), fundamentalmente tan solo hasta el comienzo de la declaración del *primer* acusado. Por consiguiente, según el § 222*a*, párr. 1, el presidente debe comunicar, a más tardar al comienzo del debate —o sea, después de la proclama de la causa—, la composición del tribunal, así como también los eventuales jueces y escabinos suplentes. Dado que, según él § 222*a*, 3er. párrafo, todos los que toman parte en el procedimiento tienen el derecho de examinar la documentación decisiva para la composición del tribunal, también la parte pasiva (a saber, por consiguiente, el acusado y su defensor) podrá hacer valer a tiempo sus censuras relativas a la composición; en rigor, esto solo corresponde a su deber de secundar el proceso (ver lo que se dice al respecto en el capítulo 4, II, 2, *b*). El § 338, nº 1, admite únicamente en casos excepcionales estrictamente delimitados una posterior reparación de las censuras en el procedimiento de casación. Ver acerca de toda la cuestión, Hamm, «Neue Juristische Wochenschrift», 1979, 135 (con dudas de orden constitucional), y Riess, rev. cit., 1978, 2265 (2268 y s.).

El croquis que figura a continuación ofrece una ojeada de conjunto acerca de la *competencia material* de los distintos tribunales penales (así como de la serie de instancias en los asuntos penales). Se podría decir rápidamente que para los delitos menores es competente el juez municipal como *juez unipersonal,* § 25 de la ley de organización judicial. Incluso respecto de todos los asuntos de acción privada es competente el juez personal. Los *tribunales de escabinos* (formados en el tribunal municipal) deciden en primera instancia acerca de otros delitos y crímenes leves; § 24 de la ley. Por lo general, están constituidos por un juez de carrera y dos jueces legos (§ 29). Sobre el problema de los jueces legos, ver Baur en *Festschrift für Kern,* 1968, ps. 49 y ss.

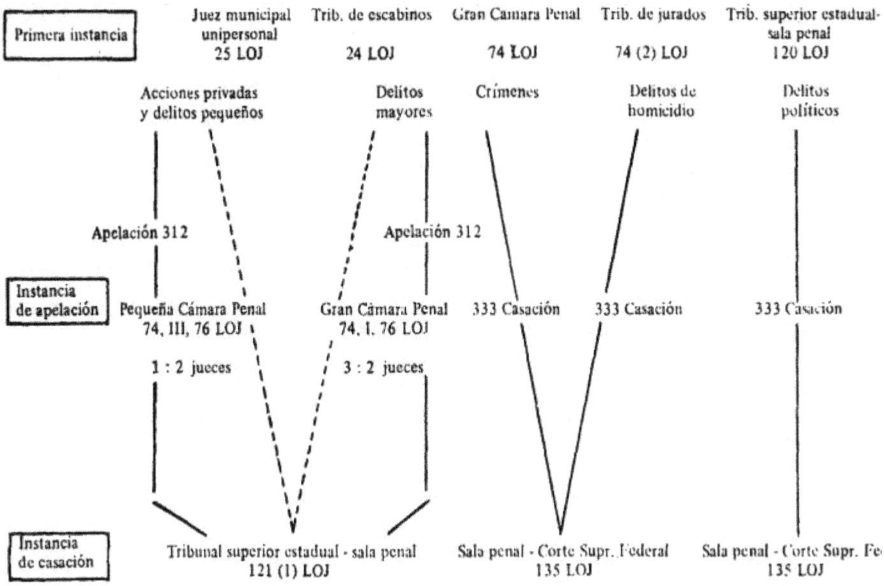

El *reparto de los asuntos* entre los distintos jueces o juzgados lo realiza siempre la *presidencia,* cuando comienza el año judicial. Tan solo en casos de necesidad es posible no tener en cuenta este reparto (§ 21*c*, párr. 3). De esta manera se asegura que no puede ser elegido un juez municipal determinado para un caso determinado. En cuanto a la designación de los escabinos, ver los § 36 y ss.

Menos compatible con el principio del *juez determinado legalmente* (art. 101, párr. 1 y 2, de la Ley Fundamental, y § 16, 2ª frase, de la ley de organización judicial) es la determinación de la competencia con arreglo a los § 24, párr. 1, nº 3, y 25, nº 3, de la ley de organización judicial. Según estas disposiciones, el ministerio público podría evitar un juez unipersonal no grato (por medio de un requerimiento penal más grave) o un tribunal de escabinos no grato (admitiendo una importancia especial del caso), logrando en este último caso, incluso, otra instancia (gran Cámara penal - Corte Suprema federal). Una corrección es posible por el § 209 de la Ordenanza Procesal Penal, con arreglo al cual la Cámara penal puede abrir el procedimiento ante el juez unipersonal o el tribunal de escabinos. Critican la determinación de la competencia de los § 24 y 25, Bockelmann en «Neue Juristische Wochenschrift», 58, 889, y «Goltdammer Archiv», 57, 357; E. Schmidt en «Monatsschrift für Deutsches Recht», 58, 721, y Grünwald en «Juristische Schulung», 68, 452. La admite, no obstante, el Tribunal Federal Constitucional en la sentencia 9, 223.

Acerca de delitos particularmente graves y crímenes deciden las *grandes salas penales* que se forman en el Tribunal estadual, § 74. Las componen 3 jueces profesionales y 2 escabinos de Cámara penal; § *76,* LOJ. Fuera del debate, deciden 3 jueces profesionales. Los *tribunales de jurados,* también formados en el tribunal estadual, son en la actualidad grandes cámaras penales; conforme al § 74, párr. 2, deciden acerca de los crímenes mencionados en esta disposición (delitos de homicidio en sentido amplio) y los componen 3 jueces de carrera y 2 escabinos; § 76, párr. 2, LOJ.

Además de la gran Cámara penal de primera instancia, también existen las cámaras penales que actúan como tribunales de recursos. Así, acerca de la apelación contra la sentencia del juez municipal unipersonal decide la pequeña Cámara penal (1 juez de carrera, 2 escabinos de Cámara penal) y acerca de la apelación contra la sentencia del tribunal de escabinos, la gran Cámara penal (3 jueces de carrera, 2 escabinos de Cámara penal); § 74, párr. 3, en unión con el § 76, párr. 2.

Respecto de los *escabinos de cámaras penales* y de escabinos de tribunales de jurados, ver el § 77 con su remisión a las disposiciones de los § 28 y ss.

Las *salas penales de los Tribunales Superiores estaduales* son competentes, en primera instancia, para asuntos penales políticos; § 120. Aquí no existe la participación de los jueces legos. Las salas penales deciden (en primera instancia) con 5 jueces profesionales. La actividad de primera instancia de las *salas penales* de la *Corte Suprema federal* (antes, § 134 de la ley de organización judicial) ha sido suprimida por la ley sobre la introducción general de una segunda instancia, etc., del 8/9/1969. Estos tribunales penales solo son en la actualidad tribunales de recursos (para decidir sobre la casación contra sentencias de cámaras penales y de jurados, así como sobre casación en asuntos penales políticos).

En el *caso «a»,* se daría, de por sí, la competencia material del juez unipersonal, porque las injurias pertenecen, según el § 374 de la Ordenanza Procesal Penal, a los delitos de acción privada y para éstos solo es competente el juez municipal (§ 25, n° 1, de la ley de organización judicial).

El *examen* judicial *de la competencia material* se realiza en cualquier momento del proceso, de oficio (§ 6 de la Ordenanza Procesal Penal). Para la competencia de las cámaras penales especiales, con arreglo a los § 74, párr. 2, 74*a* y 74*c* de la ley de organización judicial, esto rige, empero, tan solo hasta la apertura del debate; a continuación, el tribunal estudia su incompetencia tan solo si el acusado se la objeta y únicamente hasta que éste comience a declarar en el debate (ver el § *6a).* Si el acusado pretende la incompetencia material *después* de este momento, el asunto permanecerá en la cámara penal que lo había tratado originalmente.

Si el tribunal llega al resultado de que es materialmente incompetente, dirigirá su comportamiento futuro según entienda que el juzgado verdaderamente competente, en orden de prelación del § 74*e*, es inferior o superior a él. En el primer caso, el tribunal que se ocupa del asunto abrirá el debate directamente ante el tribunal competente (§ 209, párr. 1, en unión con el § 209*a*, n° 1) o, en caso de que el debate ya haya sido abierto, lo trasmitirá con efecto obligatorio, al tribunal materialmente competen te (§ 225*a*, párr. 4 y 2). En el otro caso (o sea, cuando el tribunal considera que está dada la competencia de una cámara penal superior en rango), presenta el asunto a la sala penal competente (§ 209, párr. 2, en unión con los § 209*a*, n° 1, y 225*a*, párr. 4 y 1). Si el acusado objeta en el debate, pretendiendo que es competente un tribunal de rango superior, la causa se trasmitirá, con efecto obligatorio, a ese tribunal (§ 270, párr. 1 y 2).

c) Como *competencia funcional* se designa también la competencia de los tribunales según la instancia. Véase el croquis.

Contra las sentencias de los jueces unipersonales y de los tribunales de escabinos está admitida la *apelación,* conforme al § 312, a la pequeña o gran cámara penal en el tribunal estadual (§ 74, párr. 3, de la ley de organización judicial). Contra las sentencias de la apelación, está admitida (§ 333) la *casación* sobre la cual decide una sala penal del Tribunal Superior estadual (§ 121, párr. 1, *1b,* de dicha ley). La casación de la sala penal también puede presentarse en lugar de la apelación y, precisamente, en los casos en que la instancia sobre los hechos se quiera saltar (la llamada casación *per saltum,* con arreglo al § 335 de la Ordenanza Procesal Penal; en cuanto a la competencia, ver el § 335, párr. 2, OPP).

Por tanto, en los «asuntos penales pequeños», que comienzan ante el juez municipal (unipersonal) o en el tribunal de escabinos (o sea, en el aspecto de la organización, en el tribunal municipal), existen dos instancias y una de recurso y, por consiguiente, en total, 3 instancias.

En el *caso «a»,* las instancias serían éstas: juez municipal (unipersonal), apelación a la pequeña Cámara penal, casación a la sala penal del Tribunal superior estadual.

La instancia es distinta en los asuntos penales que comienzan en la gran Cámara penal, en el tribunal de jurados y en la sala penal del Tribunal Superior estadual (hechos penales políticos). Contra las sentencias de las cámaras penales y de los tribunales de jurados (primera instancia) *solo* es posible, según el § 333 de la Ordenanza, la *casación,* sobre la cual decide la sala penal de la Corte Suprema federal (§ 135 de la ley de organización judicial). La sala penal de un Tribunal Superior estadual solo puede decidir, excepcionalmente, acerca de la casación, si resulta lesionado no el derecho federal, sino el derecho regional (o si su lesión es censurada) (§ 121, párr. 1, le, de la ley de organización judicial). En los asuntos penales políticos decide en primera instancia la sala penal de un Tribunal Superior estadual y contra la sentencia se da la casación a la Sala penal de la Corte Suprema federal. La peculiaridad de que en asuntos graves solo existen 2 instancias y en asuntos leves 3 (dos de los cuales sobre hechos) se explica si se tiene presente la historia de la regulación de la competencia. Originalmente (1879), el juez municipal (unipersonal) solo era competente para las contravenciones. La primera instancia en los asuntos leves fue imaginada, en cierto modo, como un burdo tamiz y únicamente en la segunda instancia, en el Tribunal estadual, debían averiguarse más exactamente los hechos.

Esta función de tamiz de la primera instancia en el Tribunal Municipal se ha perdido con el trascurso del tiempo al ampliarse progresivamente la competencia de los tribunales inferiores. Un último gran paso lo dio la reforma de Emminger, sobre todo por razones de economía en los costos. Ya antes de dicha reforma, la gran Cámara penal fue el «tribunal principal» en los asuntos penales. Con este cambio en la competencia hacia abajo anduvo parejo el empobrecimiento en la composición de los tribunales, también por razones de economía. A mi juicio, hoy también deberían exigirse la segunda instancia sobre hechos en asuntos penales graves y mucho más la limitación de la competencia de los tribunales penales que se forman en el Tribunal Municipal y la composición más numerosa, verbigracia de la pequeña Cámara penal y de la sala penal de casación de los tribunales superiores estaduales. Cuando se trata de garantizarle al imputado una mayor seguridad jurídica, tanto menos deben ahorrarse los costos.

La segunda instancia sobre hechos y, en suma, tercera instancia en los asuntos penales graves, tendría, en cambio, el inconveniente —que no se presentaría si se exigiera la limitación de la competencia y el fortalecimiento de los organismos que emiten la sentencia—: la prolongación de la duración del procedimiento. Por esta sola circunstancia, debería recorrerse el camino ya indicado (Peters, *Lehrbuch,* § 74, I, se expresa en sentido similar).

Si esto no bastara, podría crearse, en general, una segunda instancia sobre hechos, simultáneamente con una unificación de las instancias en otros procedimientos (por ejemplo, en el civil). Aquí también se reclama, desde hace tiempo, la unificación. La reforma proyectada de los recursos en el proceso penal sigue siendo muy incierta. En 1975, un grupo de trabajo de Estados federados presentó un proyecto de discusión que se pronunció en favor de la fusión de apelación y casación en un recurso unitario. Acerca de estas intenciones reformistas ver más datos en Kern-Roxin, § 76, E; Fezer, *Reform, der Rechtsmittel in Strafsachen* (Reforma de los recursos en asuntos penales), publicado por el Ministerio Federal de Justicia, 1974; *Möglichkeiten einer Reform der Revision in Strafsachen* (Posibilidades de una reforma de la casación en asuntos penales), 1975; *Die erweitere Revision...* (La casación ampliada...), en *Reform der Justizreform,* 1974; Peters, *Gutachten zum 52. DJT 1978 in Verhandlungen des 52. DJT* (Dictámenes del 52° Congreso de juristas alemanes de 1978), t. C, sobre todo ps. 26 y ss. En vez de buscar una ampliación de la casación (que, sin embargo, no podría corregir los errores que se deslizaron en el comienzo del procedimiento), se debería reanudar la discusión interrumpida bruscamente diez años atrás relativa a la posibilidad de limitar la apelación.

d) También forma parte del postulado del juez penal natural la determinación legal de la *competencia territorial* que está regulada, para el tribunal y el ministerio público (§ 143 de la ley de organización judicial), en los § 7 y ss. de la Ordenanza Procesal Penal. La ley toma como punto de partida varias competencias posibles, regula especialmente la cuestión del concurso de varias jurisdicciones, la solución de disputas positivas o negativas de competencia y las consecuencias de la incompetencia (ver el § 20 de la Ordenanza). No es necesario aquí entrar en mayores detalles.

Basta establecer que la competencia material y territorial del sujeto procesal «tribunal» está muy correctamente regulada para el procedimiento penal, que únicamente esta regulación corresponde al principio del juez natural (ver *supra*) y que los distintos actos procesales, en los cuales la Ordenanza Procesal Penal casi siempre solo habla del «tribunal», pueden ser realizados únicamente por el sujeto procesal material y funcionalmente competente, o sea que deben realizarse dentro de la competencia territorial. En los asuntos penales no puede actuar «cualquier» tribunal y tampoco cualquier tribunal penal, sino siempre y exclusivamente el tribunal competente. No existe una representación de especie general respecto de los actos procesales que deban realizarse por el tribunal competente. Así como solamente un sujeto de derecho determinado, la parte contratante, puede crear y eventualmente modificar relaciones contractuales, también y solamente el sujeto procesal determinado puede realizar los actos que sirven a la creación de la relación procesal, a la activación del proceso y a la decisión sobre su objeto.

2. Posición. Independencia

a) Los jueces que se desempeñan en los tribunales penales deben realizar el derecho penal material. Están *sujetos únicamente a la ley* y en su actividad de decisión están libres de toda influencia del Poder Ejecutivo (incluyendo la administración de justicia). El principio de la independencia de los jueces se encuentra en el art. 97 y también en el art. 20, párr. 3, de la Ley Fundamental.

Nótese, en esta última disposición, la formulación «sometidos a la ley y al derecho». ¿Se admite en general, con estas palabras, el recurso al derecho natural? ¿También se le reconoce al juez una función de control de leyes formales posconstitucionales? Esto último lo prohíben la disposición contenida en el art. 93, párrs. 1 y 2, de la Ley Fundamental (función de control de leyes en el Tribunal Federal Constitucional) y en el art. 100 (el juez solo puede presentar una ley, y no declararla nula). Ver especialmente al respecto Arthur Kaufmann, *Gesetz und Recht,* en *Festschrift für* E. *Wolf,* 1962, p. 357, y Apelt, en «Juristenzeitung», 54, 401.

El principio de la independencia y dependencia tan solo de la ley también lo contiene lo dispuesto en los § 1 de la ley de organización judicial y 25 de la ley sobre los jueces alemanes.

En el *caso «b»,* el tribunal no está sometido a las instrucciones del presidente del Tribunal Municipal. También el ministro de Justicia del Estado federado nada tiene que decirle respecto de su actividad decisoria.

Existe, sin duda, otra dependencia, la de la propia *conciencia.* Es oportuno no hacer mucho caso de esto (en el derecho penal, muchos científicos novatos nuestros no quieren saber nada de esto): a mi entender, ningún juez debe decidir en contra de su conciencia e invocar la simple coincidencia de su decisión con la ley. ¡El art. 4 de la Ley Fundamental también rige para la actividad judicial!

Por cierto, veo las consecuencias de otro modo que Peters (*Lehrbuch,* § 17, IV). El juez no tiene el derecho de dejar de colaborar o de optar por sectores determinados (por ejemplo, un juez católico niega su colaboración en un divorcio). Esto tendría como consecuencia dificultades intolerables en la composición del tribunal. Pienso que un juez que estima que las leyes en vigor son contrarias a su conciencia, debería renunciar. Tan solo quien respeta nuestro Estado de derecho y sus leyes, puede ejercer actividad judicial decisoria para materializar estas leyes. Kem (*Gerichtsverfassungsgesetz* [Derecho judicial], 4ª ed., 65, p. 93), se expresa en forma más reducida, pero no más en Kem-Wolf, 5ª ed., 1975. Sobre la vinculación a la concepción del tribunal inferior, ver el § 358 de la Ordenanza.

b) El principio de la independencia de los jueces solo existiría, ciertamente, sobre el papel si no estuviera *asegurado* en forma especial. Hay que mencionar aquí la *inamovilidad* y la *estabilidad* del juez. Las disposiciones legales sobre los jueces federales y de los Estados figuran en el art. 97, párr. 2, de la Ley Fundamental y para los jueces federales también en el art. 98 (la disposición transitoria del art. 132 ha sido derogado). Únicamente por motivos especiales y con un procedimiento especial, los jueces pueden ser destituidos o suspendidos.

Fundamentalmente, los jueces profesionales están nombrados *a perpetuidad* (§ 10 de la ley alemana para jueces). Las excepciones están reguladas en detalle. El § 30 de dicha ley determina la inamovilidad en forma similar al art. 97, párr. 2, de la Ley Fundamental. La ley mencionada también otorga protección contra un traslado arbitrario (solo se lo admite en casos especiales, por ejemplo, si cambian las autoridades y los distritos judiciales). Para la remuneración del juez se otorga la vía administrativa, § 46 y 71 (el § 71 de la ley de organización judicial ha caducado).

Nótese que las disposiciones sobre la inamovilidad y estabilidad de los jueces figuraban antes en los § 2 y ss. de la ley de organización judicial. Fueron sustituidas por las disposiciones correspondientes de la ley alemana para jueces.

En el *caso «b»*, el presidente no puede lisa y llanamente destituir o suspender al juez municipal. Tampoco puede trasladarlo. Competente respecto de otro reparto no es el presidente, sino la presidencia (ver *supra)*. Solo sería posible iniciar, con arreglo a la ley alemana para jueces, un procedimiento disciplinario, el cual, sin embargo, no ofrecería perspectivas de éxito si el tribunal no pudiera invocar alguna concepción jurídica sostenible.

También deben mencionarse aquí las disposiciones sobre el *reparto de los asuntos* (turno). Ellos no solo protegen al imputado contra la elección de los jueces *ad hoc* (es el criterio al cual se refiere el art. 101, párr. 2, de la Ley Fundamental), sino también la independencia judicial. Muchas otras disposiciones completan la protección del juez, como, por ejemplo, el § 151 de la ley de organización judicial (ningún fiscal puede ejercer autoridad jerárquica sobre el juez) o el § 839, párr. 2, del Código Civil con su *exclusión de la responsabilidad* respecto de la actividad judicial (con exclusión del prevaricato) o la disposición penal (desde luego discutida) del § 336 del Código Penal, con su amplia exclusión de la responsabilidad penal, etc.

A la protección de la independencia judicial también sirve, y no en último término, la *preparación* de los jueces, regulada anteriormente en los § 2 y ss. de la ley de organización judicial y ahora en los § 5 y ss. de la ley alemana para jueces. Esta preparación (que también reciben el ministerio público, § 122 de dicha ley, y el abogado, § 4 de la Ordenanza sobre los abogados) ha de convertir al juez en un jurista con ideas claras y objetividad (ver también el fin de la preparación en el 2° Congreso de la Facultad de Tubinga). En nuestra preparación muchos puntos necesitan, por cierto, reformas; también es cierto que las reformas constituyen una tarea permanente que les incumbe tanto a las Facultades de Derecho como a la Justicia. Tengamos muy presente en todas las reformas futuras que necesitamos un hombre determinado en el ámbito de la magistratura, una personalidad que pueda escuchar siempre a otros (y no proclame en forma intransigente su propia ideología), que no juzgue en forma precipitada y pueda interpretar las leyes (debe obedecer a la ley, o sea, al legislador democrático, y no anteponer a la ley sus ideas del momento), que sepa también enfocar problemas sociales y económicos por complicados que sean (siendo necesaria al respecto la formación correspondiente y no bastando un filosofar general sobre estas cosas y sus deficiencias) y que, finalmente, pretenda realizar la idea de la justicia por todos los medios.

c) La independencia del juez está así ampliamente asegurada, pero quedan *dos grandes peligros,* uno de los cuales puede ser contenido y el otro debe ser tolerado; de todos modos, el juez podría neutralizarlos algo con una mejor formación.

Para referimos al peligro mencionado en segundo término, diremos que el peligro de la dependencia de los medios masivos, como la *prensa,* la *radio* y la *televisión,* aumenta tanto más cuanto más y más activamente estos medios masivos influyen en el ámbito privado e incluso en el de la Justicia. Aquí coliden el conflicto entre la independencia judicial, también de estos medios masivos, y el interés del público por la información. Dado que el interés en la información no debe ser oprimido (debe ser posible una información incluso acerca de procesos corrientes) y, por otro lado, una campaña general de la prensa puede influir en procedimientos en curso, solo queda el expediente de la mejor formación de los jueces y de su selección *(slogan* = personalidad de los jueces).

Piénsese tan solo en las dificultades del juez profesional, y, especialmente, del juez lego, para decidir en un proceso sobre el cual ya ha recaído la decisión de la opinión pública. ¡De cuántos prejuicios e influencias debe el juez desembarazarse o preservarse! Debemos poder exigirle al juez que, aun en caso de que sea presionado en la forma más dura (llamados telefónicos por la noche, amenazas, desprecio de amigos y parientes, críticas de colegas, etc.), adopte la decisión correcta que corresponda a la ley y a su opinión, aunque conste que el 99% de la población no la comprenderá.

Rasehorn (que emplea el seudónimo de Xaver Berra) ha señalado especialmente los demás peligros en su torre de parágrafos. Habrá, seguramente, algo discutible, pero es cierto que existe una influencia excesiva de la *administración de justicia,* sobre todo, en lo que se refiere a la promoción de los jueces. En principio, deben aprobarse los remedios mencionados, consistentes en la uniformidad de las remuneraciones para todos los jueces, en la supresión de los distintos títulos (desde 1972, solo existen los tres títulos de «juez», «juez presidente» y «presidente»), en la eliminación de la influencia de la administración en la composición de los puestos vacantes. La evolución especial del derecho judicial (desarrollo a partir del derecho general sobre los funcionarios, mediante la ley alemana para jueces) debe continuarse en esta dirección. No obstante, estos medios no bastan. También es importante, por lo menos, la evolución de una nueva comprensión del juez que no ha de desembocar, ciertamente, en un espíritu de casta.

A mi juicio, se debe tener en cuenta el criterio de la *elección de los jueces,* con una mayor participación de la población de la circunscripción judicial. Una simple *elección complementaria* por la magistratura daría lugar a los mismos peligros que el nombramiento por la administración de justicia. También se debe pensar si un juez a perpetuidad puede ser sustituido por un juez por un tiempo limitado. Solamente así puede contrarrestarse el desarrollo de una conciencia de clase propia. La inamovilidad fue importante en una época en que el Ejecutivo solía inmiscuirse en la decisión de asuntos jurídicos. De todos modos, en el ámbito de la jurisdicción penal este peligro ya no existe en esta medida. La práctica del Tribunal Federal Constitucional muestra que los jueces pueden juzgar por un tiempo limitado en forma independiente del Ejecutivo.

En cuanto a la *inspección jerárquica* sobre los jueces (una actividad molesta, sobre todo la fijación de un término corresponde al ámbito de la independencia judicial), véase el § 26 de la ley alemana para jueces. De esto se ocupan especialmente Baur, *Justiz-aufsicht und richterliche Unabhängigkeit* (Inspección judicial e independencia de los jueces), 1954, y Schorn, en «Deutsche Richterzeitung», 54, 2, y 59, 269.

3. Imparcialidad

En sus decisiones sobre el objeto del proceso, nuestro (más importante) sujeto procesal debe ser preservado de influencias externas. Únicamente así el tribunal podrá realizar el derecho (y tan solo el derecho). No obstante, también debe agregarse que el juez (el juez profesional y el juez lego; § 31 de la Ordenanza) debe estar eximido ampliamente de situaciones internas que lo coaccionen. Solamente si es independiente *e imparcial,* podrá desempeñar la tarea que el derecho procesal le ha confiado.

En consecuencia, son necesarias disposiciones que impidan la actuación de un juez parcial. Al respecto, los grupos principales solo pueden concebirse en forma casuística. En parte, la ley trabaja con una cláusula general (que es necesaria, porque nunca puede dar resultado favorable la determinación previsora de todos los casos de parcialidad de un juez).

a) De pleno derecho, el juez está *excluido (iudex inhabilis)* de la actividad judicial en los casos previstos en los § 22 y 23 de la Ordenanza Procesal Penal. Se trata de los casos en que el juez o un familiar suyo haya sido ofendido por el hecho punible (nadie puede ser juez de sus propios asuntos) y en que existan relaciones estrechas con el imputado y, por último, los casos en que el juez ya haya intervenido en la causa.

A este último grupo pertenecen los casos 4 y 5 del § 22. Quien en la parte activa ha realizado investigaciones como fiscal o funcionario policial, no puede ser juez (ver lo que se ha dicho en el capítulo 2 sobre el principio acusatorio y la división de los papeles en los organismos estatales de persecución penal). Tampoco puede decidir en forma imparcial quien en la parte pasiva ha actuado como abogado o como defensor del imputado. Finalmente, quien colaboró como testigo o perito en el procedimiento, mal podrá valorar objetivamente su testimonio o dictamen. El § 23 completa estos casos de *iudex inhabilis* por su actividad anterior mencionando al juez de la instancia anterior (párr. 1) y —es una innovación en el derecho procesal penal alemán— al juez contra cuya sentencia se realiza la revisión del proceso (párr. 2).

Ejemplo: si el juez municipal M decidió como juez único y fue trasladado mientras tanto al tribunal estadual, pequeña Cámara Penal, ya no podrá decidir acerca de la apelación contra su propia sentencia.

Mientras anteriormente decidían sobre la admisibilidad del requerimiento de revisión (§ 367) no solo el tribunal cuya sentencia había sido impugnada, sino también, a veces, los mismos jueces, esto último ya no está hoy permitido, en virtud del § 23, párr. 2.

En este contexto, también se debe mencionar el § 354, párr. 2. Si el tribunal de casación anula una sentencia, el reenvío se realizará siempre a *otra* sección o cámara (esto anteriormente era posible en casos muy especiales y expresaba la más grande disconformidad respecto del juez *a quo*). Lamentablemente, en la apelación falta (en los raros casos de reenvío del § 328, párr. 2) una disposición correspondiente. Ella no debería hacerse esperar demasiado.

Lo correcto sería interpretar en forma extensiva los § 22 y 23. Se trata aquí de la confianza de quienes están sometidos al derecho acerca de una decisión imparcial (sobre el concepto de confianza ver la sentencia 14, 221, de la Corte Suprema federal). También debe aprobarse lo que dice Arzt *(Der befangene Strafrichter* [El juez parcial], 1969) cuando admite en el ámbito limítrofe entre los § 22 y 23 y, por otro lado, 24, en contra de la opinión dominante, una recusación por razón de parcialidad.

En el *caso «c»* (hoy, después de haberse superado la falta de parentesco del hijo extramatrimonial con el progenitor), el escabino, conforme a los § 31 y 22, n° 3, está excluido de colaborar en la decisión (antes, únicamente recusación por parcialidad, ya que, con arreglo al art. 33 de la ley de introducción al Código Civil, las disposiciones del derecho civil, o sea, el § 1589 del Código Civil en su anterior redacción, también rigen para el proceso penal, pero no para el derecho penal material).

b) Mientras los § 22 y 23 contienen un catálogo firme en que un juez no *puede colaborar* (cfr. también el § 30 sobre la denuncia de esas relaciones), el § 24 ofrece a los que intervienen en el proceso la *posibilidad* de recusar al juez por *parcialidad (iudex suspectus).* La recusación puede llevarse a cabo tanto respecto del juez excluido de pleno derecho (por ejemplo, en general, si éste no actúa, por sí mismo, conforme al § 30), así como también «en razón del temor de parcialidad». La interpretación legal de esta cláusula se encuentra en el § 24, párr. 2. No se trata de que el juez *sea* parcial; es suficiente que existan motivos que justifiquen la desconfianza sobre la imparcialidad del juez. Las razones no deben llevar concretamente a esta desconfianza, siendo suficiente que sean idóneas para insinuar esta conclusión. Según la opinión dominante, debe tener lugar una apreciación objetiva acerca de la situación concreta del afectado (ampliamente y en sentido fuertemente subjetivo, Arzt, lug. cit.).

Ejemplos: Quien siente desconfianza por *todo* juez («enemigo de clase») no dispone por ello de un motivo de recusación. Considerar cada desconfianza subjetiva tendría como resultado que la persona más desconfiada quedaría eximida de la jurisdicción penal. Si el juez se expresa en forma desfavorable acerca del imputado («elemento asocial»), se da un motivo de recusación, incluso si el juez decidiera, en el caso de que se trata, imparcialmente. Respecto del juez muy comprometido políticamente y activo con otro partido, existe en el procedimiento con matiz político, a mi entender, un motivo de recusación. Lo mismo respecto del juez muy comprometido desde el punto de vista confesional. En estos casos la práctica restrictiva de nuestros tribunales debe rechazarse (ver la sentencia 11, 1, del Tribunal Federal Constitucional y la Corte federal en la «Neue Juristische Wochenschrift», 52, 271, y lo que se ha dicho bajo la letra *a).* Compárese los ejemplos mencionados en Schorn, «Goltdammer Archiv», 63, 161, y en Seibert, «Juristenzeitung», 60, 85, y, además, las sentencias 21, 334, y 24, 336 de la Corte Suprema federal y este mismo Tribunal en «Monatsschrift für Deutsches Recht», 71, 17.

El *procedimiento relativo a la recusación* está regulado especialmente en los § 25 y ss. El § 25 contiene, a partir de la pequeña reforma procesal penal, una innovación, al admitir una recusación posterior conforme al párr. 2. La ley se halla frente al dilema de admitir la recusación en cualquier momento del procedimiento (esto es, incluso hasta las últimas palabras del acusado en el debate; cfr. el § 25, párr. 2), con lo que podría frenar a la jurisprudencia, o la fijación de un término final previo, con lo que debería aceptarse que, con posterioridad a él (por ej.: en el momento de declarar el acusado sobre el hecho durante el debate, o ante preguntas a testigos y peritos durante el debate), ya no podrían hacerse valer motivos de recusación surgidos posteriormente. El § 25 trata de equilibrar ambos principios. En favor de la recusación de *todos* los jueces se pronuncia la Corte Suprema federal en la sentencia 23, 200. Después de haberse *abusado* de diferentes maneras del *instituto* de la recusación de los jueces para obtener una interrupción del debate, el legislador trata, en la ley modificadora del procedimiento penal de 1979, de adoptar contramedidas. El § 29, párr. 2, contiene una solución muy feliz de este problema, puesto que se maneja sin limitar las causas materiales de la recusación, a saber:

El tribunal tiene la posibilidad, a pesar de un requerimiento de recusación ya presentada, de *seguir actuando* hasta que pueda decidirse acerca de este requerimiento sin el peligro de que el debate se demore. Un procedimiento como éste es posible, desde luego, tan solo dentro de límites temporales estrechos, porque la resolución que admite el requerimiento de recusación o lo rechaza debe ser pronunciada, a más tardar, hasta el comienzo del día subsiguiente al del comienzo del debate (y siempre antes del comienzo de la exposición final). Dado el caso, se repetirá la parte del debate posterior al requerimiento de recusación.

En el *caso* «c», *A* habría debido recusar, según la situación jurídica anterior (hijo extramatrimonial no emparentado con el progenitor), al escabino (diciendo, verbigracia: padre mío, te conozco, pero te recuso), o el escabino habría debido actuar conforme al § 30. Precisamente, este caso muestra claramente que existe una zona intermedia entre el juez excluido y el juez (solamente) recusable.

Aquí, los pormenores no interesan. Es suficiente afirmar que la Ordenanza procesal, sobre todo en el caso del juez (pero incluso en las personas que lo ayudan a decidir; ver el § 31 respecto del actuario de secretaría y el § 74 respecto del perito), está pensada de tal manera, que confía únicamente a un sujeto procesal independiente e imparcial la actividad decisoria. La lesión de las disposiciones sobre el juez excluido de pleno derecho, así como la colaboración de un juez parcial y, por ello, recusado, son motivos absolutos de casación conforme al § 338, n°s 2 y 3. Precisamente la posición central del juez penal en el derecho procesal penal alemán (ver lo que se ha dicho en el capítulo 2) exige, por otro lado, las más agudas garantías de neutralidad para este sujeto procesal.

La reforma de 1979 (*supra,* n° I, 1, *b)* no tropieza con reparos al limitar temporalmente la queja sobre la composición del tribunal. El defensor que sospecha que en la elección de los escabinos se han cometido errores, puede hacerla valer en el mismo momento y no tan solo (a veces, al cabo de varios años) en la casación. En este sentido, también le incumbe al defensor el deber de impulsar el proceso. Si se decidiera de otro modo, correrían peligros la economía procesal y la participación de los legos.

II. Auxiliares del tribunal

Precisamente porque la posición del juez, según el derecho procesal penal alemán, no se limita a un simple papel de árbitro, sino que la Ordenanza procesal lo convierte en la figura central del procedimiento y le asigna el cometido de investigar la verdad material (cfr. el capítulo 2), el juez necesita algunos auxiliares que también son sujetos procesales (criterio en parte discutido) para que puedan realizar actos procesales, pero únicamente los actos que tienen naturaleza accesoria.

1. Actuarios de la secretaría

La secretaría de cada tribunal está integrada por el número necesario de actuarios; § 153 de la ley de organización judicial. Las leyes de los Estados federados determinan los pormenores.

A estos empleados se los llamaba antes escribientes judiciales. Este título pareció excesivamente modesto, aunque en Suiza sigan ejerciendo estos empleados (que son juristas de formación jurídica completa) como auxiliares del juez. Al observar esta inflación de títulos, es grato pensar en los faroleros de Tucholsky.

a) Entre las *tareas* que incumben a los actuarios de secretaría, figura la de *confeccionar y protocolizar las actas*, actividad particularmente importante por la fuerza probatoria que éstas tienen (sobre el § 274 de la Ordenanza Procesal Penal, cfr. lo ya dicho, *supra*, capítulo 2, 11, *b)*. Según el § 226, el debate debe llevarse a cabo en la presencia ininterrumpida de un actuario, cuya tarea consiste en confeccionar el acta de la sesión; § 271. Sobre el contenido del acta, ver los § 272 y 273. El acta debe consignar el desarrollo del debate y contener los requerimientos, las decisiones y la parte resolutiva de la sentencia. También debe revelar que las formalidades han sido observadas (cfr. lo dicho sobre ello en el capítulo 2, a propósito del principio de la publicidad); las declaraciones de los testigos, si se formulan ante el juez penal o el tribunal de escabinos deben constar también en cuanto al contenido (en lo que respecta a la posibilidad de lectura limitada en la apelación; § 325).

Incluso fuera del debate deberán protocolizarse en actas autos y resultados intermedios importantes. Cfr., para los actos judiciales en el procedimiento de investigación, los § 168 y 168*a*, y para las declaraciones por comisión y las inspecciones oculares en el procedimiento intermedio, los § 224, párr. 1, y 225.

El actuario de secretaría también es competente para la *recepción de requerimientos* y la fijación de actos procesales particularmente importantes. Así, los recursos deben interponerse por escrito o en acta de la secretaría; § 306, 314 y 341. La fundamentación de la casación se realiza del mismo modo; § 345, párr. 2. En cuanto al requerimiento de revisión, ver el § 366, párr. 2 (¡abogado o acta de la secretaría!). La promoción de la acción privada puede realizarse, conforme al § 381, en acta de la secretaría (esto es importante para el acusador privado que no se haga representar por un procurador y se haga asesorar en cuanto a formalidades). También la instancia penal puede formularse en acta de la secretaria (§ 158, párr. 2).

También cabe mencionar la colaboración en las *citaciones* y las *notificaciones* (§ 36 y 214, párr. 1). En la actualidad, el ministerio público interviene necesariamente solo si se trata de la notificación de una decisión que debe ejecutarse (§ 36, párr. 2). La secretaría también actúa en el ámbito de la acción privada (§ 385, párr. 2, y 390, párr. 3). Con arreglo al § 275, párr. 4, las *copias de las sentencias* las entrega la secretaría, que también se hace cargo de la determinación de las costas (§ 464*b*).

b) La *posición* del actuario no puede compararse, ni remotamente, a la del juez. Ya que no tiene que desarrollar una actividad decisoria propia, carece de la independencia judicial, está sujeto a instrucciones y es sustituible. Sin embargo, quienes intervienen en el proceso pueden exigirle al actuario imparcialidad (piénsese en el acta acerca de una declaración testimonial y en matices relativos al contenido, en favor o en perjuicio del acusado). De ahí que el § 31 remita a las disposiciones destinadas a asegurar la imparcialidad del juez.

2. El ujier

Los ujieres (llamados servidores judiciales hasta 1927) que se desempeñan en cada tribunal como funcionarios o empleados (la reglamentación la establecen las disposiciones administrativas de los ministros de Justicia de los Estados federados) solo tienen a su cargo *tareas accesorias* irrelevantes: por ejemplo, la proclama de la causa al comenzar el debate, la presentación de testigos o acusados, el mantenimiento del orden en el debate por indicación del juez. Es dudoso que se los pueda considerar como sujetos procesales, dado que nada tienen que ver directamente con el procedimiento propiamente dicho.

También es discutible si la expulsión, de parte del ujier, de un espectador por indicación del juez, puede considerarse como acto procesal de aquél. Habla en favor de un amplio concepto de acto procesal la circunstancia de que tan solo los actos procesales (que también pueden ser actos reales; cfr., al respecto, *infra,* capítulo 4, I, 1) pueden concebirse con las categorías procesales (procesalmente admisibles; no admisibles, eficaces; no eficaces).

3. El oficial de justicia

Tampoco al oficial de justicia le corresponde, en el proceso penal, una significación especial. La ley de organización judicial se refiere a él en los § 154 y 155 (remitiendo ampliamente a disposiciones administrativas).

La *tarea* de los oficiales de justicia en el proceso penal consiste en la *citación* directa de testigos con arreglo al § 220. Esta citación la efectúa, precisamente, el oficial de justicia; § 38. Incluso en la *ejecución* de (multas y) costas existen competencias; cfr. la remisión a las disposiciones de la Ordenanza Procesal Civil en el § 459 de la Ordenanza Procesal Penal en conexión con el § 6 de la Ordenanza sobre tasas judiciales y el 464*b,* oración 3, de la Ordenanza Procesal Penal.

La *posición* de los oficiales de justicia en el proceso penal es algo más independiente que la de los ujieres. Aquí figura, en la ley de organización judicial (§ 155), una disposición sobre la exclusión de pleno derecho (¡no sobre la recusación!).

Interesante es la discutida cuestión de si el acto de un oficial de justicia excluido es nulo (el del juez, seguramente no). En contra de la nulidad y de la opinión predominante se expresan Gerland (*Lehrhuch,* p. 71) y v. Hippel (*Lehrbuch,* p. 149).

III. El ministerio público

Casos:

a) Se sospecha fundadamente que *T* ha cometido un hurto con fractura; *Z* lo ha visto. El ministerio público cita a *Z* para que declare. ¿Es admisible? *Z* no piensa comparecer. ¿Qué posibilidades tiene el ministerio público?

b) El ministerio público *M* ha promovido la acción contra *A*. Se lo absuelve a *A*, y *M*, encolerizado, interpone apelación. Mientras tanto, *A* se ha dirigido al procurador general *P*, alegando que *M* lo persigue únicamente por desengaño personal. ¿Puede *P* desistir del recurso que *M* había interpuesto? ¿Qué ocurre si mientras tanto A ha cambiado de opinión y tiene interés en que la apelación se lleve a cabo?

Acerca de la peculiar posición del ministerio público y la cuestión de si éste debe o puede desempeñar un papel de parte en un proceso de partes, ya se ha hablado, a propósito de los principios procesales, en el capítulo 2^nos^ 1 a 3. Ante todo, remitimos a esos comentarios, así como a los que figuran en los «Conceptos fundamentales del proceso civil» (n° III).

1. Posición

Sobre la peculiar posición del ministerio público, ver ante todo lo que se ha dicho en el capítulo 2, Nos. 1 a 3. Conforme a ello, el ministerio público no tiene un neto papel de parte. También es peculiar su posición en el ámbito de la Justicia. No forma parte, como el tribunal, del tercer Poder (ver lo que dice E. Schmidt en el «Monatsschrift für Deutsches Recht», 64, 713), sino que es una parte del Poder Ejecutivo (es un criterio discutido; en contra, Henkel, § 291, y Kern-Roxin, § 10, A, III). Desde el punto de vista de la organización, el ministerio público forma parte, no obstante, de la Justicia y es, incluso funcionalmente, *órgano de la administración de justicia* (como el abogado y el defensor). En consecuencia, el ministerio público tiene un rol intermedio entre la administración y la administración de justicia, pertenece a aquélla y también está construido en forma «monocrática»; sirve a la administración de justicia y es totalmente independiente del tribunal (ver el § 150 de la ley de organización judicial).

Acerca de la *organización* del ministerio público, informan sobre todo las disposiciones contenidas en los § 141 y ss. de dicha ley (cfr., además, *supra*, capítulo 2, nos. 1 a 3). La *competencia* territorial (§ 143) y la material (§ 142) se ajustan a la competencia del tribunal. En cuanto a la competencia material del fiscal federal general, cfr. el catálogo y también las disposiciones sobre impuestos del § 142*a*.

Es interesante la cuestión referente a la *relación* existente entre el ministerio público y la *policía*, Según se ha dicho en el capítulo 2, n° 2, *b*, se da un poder de dirección del ministerio público frente a los funcionarios de la policía que son, por el § 152, auxiliares del ministerio público. También frente a otros funcionarios de la policía se dan derechos de dirección (§ 161 de la Ordenanza). No obstante, el trabajo práctico de la investigación, con el trascurso del tiempo, se ha trasladado siempre en mayor medida a la policía. En casi todos los casos, el ministerio público tiene en la actualidad a su cargo únicamente la dirección y la *vigilancia jurídica de las investigaciones* y, al respecto, las autoridades policiales interpretan las palabras «sin demora» del § 163, párr. 2, de la Ordenanza Procesal Penal muy ampliamente. Muy a menudo al ministerio público solo le queda decidir con arreglo al § 170. Solamente los casos que exigen por un lado conocimientos jurídicos especiales y, por el otro, medios materiales y personales de menor cuantía, son averiguados por el mismo ministerio público (por ejemplo, en casos de perjurio, penales-económicos, etc., en que es posible trabajar desde el escritorio).

Son múltiples las causas por las cuales el trabajo del ministerio público ha quedado reducido al de vigilancia. Contribuyen a esta situación causas psicológicas (autoridades que se desempeñan en la oficina; y la policía está fuera), técnicas (desarrollo de las ciencias naturales al servicio de la lucha contra el delito) y financieras (la Justicia nunca tiene dinero; casi siempre, en cambio, la administración). Este desarrollo puede deplorarse. Pero también presenta algunos aspectos favorables, ante todo, la gran objetividad del ministerio público (que sería alcanzado muy de cerca si, por ejemplo, no fuera él quien juzgara las declaraciones, sino el que las llevara a cabo).

Algunos autores quisieron incorporar la policía al ministerio público (como, de manera especial, Keen, *Gerichtsverfassungsrecht*, § 32, C; ya no más en Kern-Wolf, 5ª ed., 1975); otros autores, precisamente a la inversa, consideraron oportuna la separación del ministerio público de la Justicia. A mi entender, una posición ambigua, que sobresale, no es la peor solución (ver al respecto, sobre todo, Peters, *Lehrbuch*, § 23, II, 2, *b*). La incorporación del ministerio público a la policía forzaría a transformarse hacia el proceso de partes. Si se vacila ante este paso, no se debe empujar al ministerio público hacia el papel de la policía; incluir a ésta dentro del ámbito del ministerio público significaría introducir un elemento que le es ajeno en la Justicia, que conduce su labor propia desde otro punto de vista, y que debería destruir la «sabia y calma experiencia» (a veces una carga muy pesada, otras veces completamente ventajosa) de la actividad de la Justicia. Por cierto, no simpatizo para nada con las pelucas y con el trato cuidadoso de los jueces ingleses. También los jueces y toda la Justicia deben situarse permanentemente delante de la crítica. Con frecuencia, la tradición solo es insensatez polvorienta. Pero una atmósfera algo diferente a la que impera en la administración general o en la administración policial tendría que existir en la Justicia.

También recientemente se han puesto de relieve aspiraciones para correr de lugar los acentos entre la actividad del ministerio público y la de la policía. Deben rechazarse enérgicamente estos intentos (ver Ulrich en la «Zeitschrift für Rechtspolitik», 77, 156, y Baumann en la misma revista, 77, 208). Si se pudiera eliminar la formulación (que es mortificante) del § 152 de la ley de organización judicial (auxiliares), no debería modificarse nada en cuanto a la *responsabilidad plena* del ministerio público para todo el procedimiento de investigación.

Con esta atmósfera judicial (ver lo que ya se ha dicho al respecto en el capítulo 2, n° 2), el ministerio público, en su posición ambigua, gana (en lo que se refiere a su independencia y al ejercicio del derecho de dar instrucciones). La formación del ministerio público (que, según el § 122 de la ley alemana para jueces, es la misma que la del juez) favorece su mayor objetividad e independencia.

Es indiscutible que la *formación* debería ser perfeccionada en el ámbito técnico-criminal y táctico-criminal. También debería exigirse un mejor conocimiento fundamental psicológico-criminal, así como, para sectores especiales, mejores conocimientos industriales y comerciales. Pero debería persistirse en la formación fundamental del derecho vigente (no solo derecho penal y derecho procesal).

2. Funciones y posibilidades

Las funciones y los derechos del ministerio público son, en las distintas fases procesales, diferentes. El croquis que figura en la página siguiente, muestra la estructura fundamental del procedimiento.

No se mencionarán aquí las tareas del ministerio público en el proceso civil (§ 652 y 680, 684, 686 de la Ordenanza Procesal Civil: incapacitación) y otras que no se relacionan directamente con el proceso penal (por ejemplo, la de llevar el registro central federal).

a) La función principal del ministerio público reside en el *procedimiento de investigación (instrucción sumaria)*. El ministerio público domina esta fase procesal y a él le incumbe realizar o vigilar las investigaciones (ver el n° 1), con arreglo a los § 160 y 161. Incluso si la policía investiga, el ministerio público es responsable de la realización, ordenada y completa, de esta tarea. El empleo de la policía y de otras autoridades puede tener lugar conforme al § 152 de la ley de organización judicial y al § 161 de la Ordenanza Procesal Penal. Por el § 162, también el juez puede ser insertado en ciertos actos instructorios (por ejemplo, el «juez de instrucción», verbigracia, para tomarle declaración jurada a un testigo).

ESTRUCTURA DEL PROCEDIMIENTO

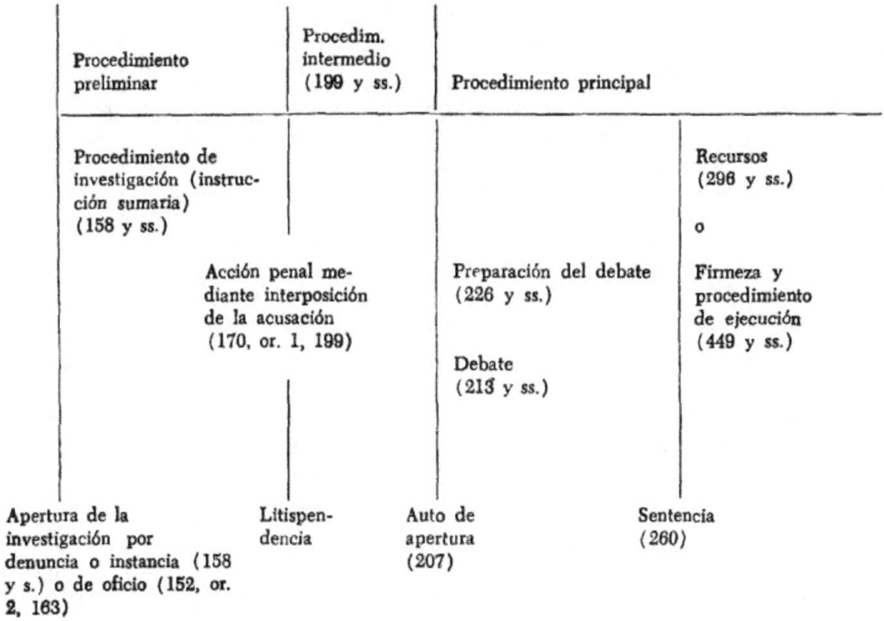

Frente al *imputado* y a *terceros,* el ministerio público tiene *facultades coercitivas.* Con arreglo al § 161*a,* puede tomarles declaración a testigos *y* peritos y también obligarlos a presentarse y a declarar. No es posible tomarles declaración jurada (aquí es necesario que se inserte el juez, según el § 162). Incluso el medio coercitivo del arresto solo puede ser ordenado por el juez. También el imputado puede (o debe) ser interrogado por el ministerio público; § 163*a,* párr. 3. Se le puede exigir su comparecencia forzada (pero no su declaración).

En el *caso «a»* el ministerio público citaría a Z (§ 161*a),* Si Z no comparece, el ministerio público puede actuar con arreglo al § 51 de la Ordenanza Procesal Penal (costas, pena disciplinaria en dinero, comparecencia forzada).

Los medios coercitivos que se tienen en cuenta frente al imputado son el derecho de aprehensión ampliada (§ 127, párr. 2) y, frente a terceros, el derecho de aprehensión contra personas que perturben la tarea del funcionario (§ 164). Cabe mencionar, además, las facultades del ministerio público para la instalación de puestos de control (§ 111), para asegurar la persecución y ejecución penal, el secuestro, la orden y ejecución del embargo (§ 111*c*-111*f*), para la enajenación necesaria (§ 111*l*) y para el secuestro de impresos (§ 111*n*).

La situación del ministerio público es aún mejor si se trata de procurarse medios de prueba. El *secuestro* de éstos o de objetos sujetos a confiscación también puede ser ordenado, en caso de peligro inminente en la demora, por el ministerio público y por sus funcionarios auxiliares; § 98, párr. 1. El ministerio público dispone de este derecho incluso en el secuestro postal; § 100, párr. 1. Incluso en caso de peligro inminente en la demora, el ministerio público y sus auxiliares pueden ordenar *registros* de personas, locales y cosas, así como *exámenes corporales;* § 105, párr. 1, 81*a*, párr. 2, y 81*c*, párr. 5. El ministerio público dispone, frente a la policía, del *derecho de examinar* los papeles de comercio y, a partir de la ley de 1968, existe una competencia provisional del ministerio público para la *vigilancia de las comunicaciones telefónicas* con arreglo al § 100*b*.

Cuando la Ordenanza no prevé de manera expresa facultades coercitivas, *no existe el derecho de ejercer la coerción.* Sobre todo una facultad coercitiva no puede fundarse en el § 160 (esta disposición no le da al ministerio público derecho alguno, sino que da normas respecto de un deber). No todo lo que sirve al fin de la persecución, ni siquiera lo que sería indefectiblemente necesario para ello en el caso de que se trata, está permitido. No se trata nunca de perseguir un delito a cualquier precio y el fin no justifica nunca los medios, ni siquiera cuando el ministerio público tiene que mirar impotente cómo un autor (presunto) de delitos graves emerge indemne del problema y hasta concreta con él un pingue negocio.

Ya se ha dicho en el capítulo 2 que el ministerio público, al interpretar el concepto «peligro en la demora», procede con frecuencia muy ampliamente. Hay que oponerse a esta actitud. En casos muy numerosos se podría solicitar al juez que emita las disposiciones correspondientes, presuponiéndose, por cierto, que siempre, en cada tribunal, exista un juez de guardia permanentemente.

En muchos casos, el ministerio público solo puede tomar el camino de requerir la orden judicial. Esto ocurre en la *orden de detención,* la cual, por el § 114, solo puede ser dictada por el juez, en la *orden de internamiento,* para la cual, según el § 126*a*, párr. 2, rige lo mismo; también en la coerción directa para el *examen* de terceros con arreglo al § 81*c*, párr. 6, así como en el *internamiento* en un hospital psiquiátrico para el examen indicado en el § 81, en el *examen* de la correspondencia secuestrada (§ 100, párr. 3) (pudiendo el juez, no obstante, trasladar esta facultad al ministerio público), así como en el importante *retiro provisional del permiso para conducir* (§ 111*a*). Si la instancia está presentada adecuadamente, el ministerio público podría emplear medios coercitivos que solo le corresponden al juez, para apoyar sus trabajos de investigación.

b) La apertura del *procedimiento intermedio* depende, en general, del ministerio público, que puede clausurar el procedimiento (sobreseer) conforme al § 170 o a los § 153 y ss. El procedimiento de investigación solo conduce al procedimiento intermedio si el ministerio público presenta, sobre la base de los § 170 y 199, el requerimiento correspondiente (en la acusación). Cfr. al respecto lo que se ha dicho en el capítulo 2 n°s 1 a 4.

El fiscal *decide* con responsabilidad propia (eventualmente después de la declaración ante la policía o ante el mismo según el § 163*a*) si puede y debe promover la acción. Lo hará únicamente si estima que el procesado aparece como «suficientemente» sospechoso, porque solo en este caso puede admitirse, por el § 203, un auto de apertura.

La actividad seleccionadora del ministerio público interesa a la ciencia en medida siempre creciente. Una reciente investigación de los criterios de decisión del ministerio público figura en Blankenburg, Sessar y Steffen, *Die Staatsanwcdtschaft im Prozess staatlicher Sozialkontrolle* (El ministerio público en el proceso de controles sociales estatales), 1978.

En el procedimiento intermedio —o sea, el procedimiento en el cual el *tribunal* decide acerca de la prosecución del proceso—, el mismo ministerio público no tiene una posición especial. No obstante, tiene un *derecho de queja* cuando el tribunal clausura el procedimiento por un impedimento procesal (§ 206o, párr. 2), si lo clausura por una modificación de la ley (§ 206&) y si el tribunal no abre el procedimiento principal o, apartándose del requerimiento del ministerio público, lo abre ante otro tribunal (§ 210, párr. 2).

Se discute acerca de si el ministerio público puede promover la queja inmediata cuando el tribunal abre el procedimiento de conformidad con el requerimiento, pero, mientras tanto, el ministerio público sostiene otro punto de vista. El § 210, párr. 1, solo excluye el derecho de queja del acusado (y con razón, porque de lo contrario éste podría anticipar, en el procedimiento de queja, el debate). Lo correcto sería admitir para el ministerio público la queja *simple* con arreglo al § 304 de la Ordenanza Procesal Penal. El § 207, párr. 2, regula otras desviaciones del auto de apertura de la acusación (posible conforme al § 206). Aquí no se otorga el derecho de queja al ministerio público.

c) En el *procedimiento principal,* la posición del ministerio público no es mucho más sólida que la del acusado y su defensor. Hay que añadir las tareas *preparatorias* (las citaciones con arreglo al § 214, párr. 3, la presentación de medios de prueba según el § 214, párr. 4, etc.). Si consta que el ministerio público está enterado de los requerimientos de prueba del acusado (§ 219, párr. 2, y 222, párr. 2), puede reaccionar con otras investigaciones y requerimientos de prueba. Si también tiene noticia de las declaraciones tomadas por intermedio de un juez comisionado e inspecciones oculares, tiene el derecho de estar presente y de examinar las actas, ver los § 224 y 225. Pero también el defensor tiene estos derechos (no totalmente el acusado).

Al comienzo del debate y, precisamente, después de la declaración del acusado sobre su persona, el representante del ministerio público da lectura en la audiencia, a la *acusación* (§ 243, párr. 3). Esta lectura ha sustituido la anterior lectura del auto de apertura (por el tribunal).

Esto tampoco es muy nuevo, porque la situación legal anterior preveía la lectura de la acusación (por el ministerio público).

Con esto concluye el rol especial del ministerio público, que en el ulterior trascurso del debate no es muy distinto al de la defensa. Comparte con ella el *derecho a preguntar* (§ 240), el del *interrogatorio directo* (§ 239), el derecho de proporcionar *aclaraciones* (§ 257) y el del requerimiento de prueba (§ 244 y ss.). El § 246, párr. 3, también asigna a ambas partes el derecho de exigir la suspensión del debate. Ambas partes deben colaborar para que las actas conforme al § 251, párr. 1, n° 4, puedan ser leídas y los testigos puedan alejarse; § 248, etc. Aquí, en el debate, también se le deberá conceder al ministerio público una mayor independencia en cuanto al criterio jurídico (no estará atado a la interpretación de las leyes hecha por la jurisprudencia firme de los tribunales; ver, en este sentido, también Henkel, § 29, VIII). El derecho a la acusación suplementaria con arreglo al § 266 (inclusión de otro objeto del proceso) depende del consentimiento del acusado. Tampoco en las exposiciones finales mejora la posición del ministerio público (ver el § 258); al contrario, en todos los casos al acusado le pertenece la última palabra.

Respecto de la *interposición de los recursos,* el ministerio público está mucho más atado que la parte opositora; a veces, puede y debe interponerlos en favor del acusado; § 296, párr. 2. Si el ministerio público ha interpuesto un recurso en favor del acusado no puede desistir de él sin que éste lo consienta; § 302. Y, por último, cualquier recurso interpuesto por el ministerio público tiene el efecto de poder modificar la sentencia también en favor del acusado (§ 301), en tanto que para el recurso interpuesto por este último, rige la prohibición de la *reformatio in peius* (§ 351 y 358).

En el *caso «b»,* conforme al § 145, párr. 1, de la ley de organización judicial, el procurador general P puede desistir de la apelación (incluso contra la voluntad de *X,* a quien tal vez había dado órdenes sin éxito). Dado que el recurso en contra de *A* había sido interpuesto, *P* no necesita el consentimiento de *A* según el § 302. Si *P* se deja ahora persuadir por *A,* la sentencia en favor de ésta (que posiblemente ha perdido el término para el recurso) podrá ser todavía modificada.

d) El *procedimiento ejecutivo* está sujeto, como el cognocitivo, de nuevo, al ministerio público, el cual, según el § 451, es *autoridad de ejecución.* Contra esto se dirigen, con razón, numerosas críticas (sobre todo respecto de la proximidad demasiado escasa del ministerio público con el lugar del cumplimiento). Los empleados del ministerio público, que atienden asuntos ejecutivos, deberían trabajar más cerca, o bien es recomendable una separación de la tarea. Ha demostrado ser útil el empleo de autoridades especiales para el cumplimiento (competentes también para la persecución de todos los hechos punibles cometidos en él).

En todas las decisiones *judiciales* (§ 462) y también en caso de posterior modificación de la suspensión de la pena (§ 453), el ministerio público debe ser oído. Tiene derecho de instar y de queja. El ministerio público decide *por sí solo* sobre el aplazamiento de la ejecución en caso de enfermedad mental, en el previsto en el § 455 (el tribunal es competente únicamente si se formulan objeciones; § 458, párr. 2), si son inminentes perjuicios económicos (§ 456) y si se prescinde de la ejecución en caso de extradición (§ 456*a*). En la *suspensión de un resto por un período de prueba,* debe ser oído el ministerio público (juntamente con la autoridad de cumplimiento). Tiene el derecho de interponer la queja inmediata, § 454.

Además del § 456a, también el § 455*a* tiene significación práctica especial. Según esta última disposición, es posible detener la ejecución cuando los establecimientos están superpoblados. Por cierto, una medida como ésta, sobre la cual decide, en definitiva, el ministro de Justicia estadual, no debe usarse con ligereza, tampoco si existen serias dificultades en el cumplimiento. En primer término hay que suprimir a éstas. El condenado tiene el derecho a que la ejecución se lleve a cabo con prontitud. Al § 456*a* se recurre en gran parte (y antes del § 57 del Código Penal y sus términos) para la expulsión de delincuentes extranjeros. Si se trata de toxicómanos, esto no debería ocurrir; de lo contrario, un país trasladaría el problema a otro (tiene prioridad el principio de la administración de justicia penal sustituida).

Es interesante la posibilidad que tiene el ministerio público de emitir, para que se lleve a cabo la ejecución, una orden de detención (§ 457).

No han de tratarse aquí *otras tareas* del ministerio público, por ejemplo, las referidas a asuntos de gracia. Tampoco pueden exponerse las tareas que le incumben al ministerio público en formas procesales especiales. La ojeada que figura bajo las letras *a* a *d* debería bastar para ilustrar claramente el campo de acción del ministerio público en el procedimiento común. Para la propia elaboración, cfr. Henkel, § 29 y ss.; Peters, § 23 y ss. y 61 y ss.; Kern-Roxin, *Studienbuch,* § 10, 13, 14 y 38 y ss.; y E. Schmidt, *Studienbuch,* § 9 y 27.

IV. Policía

Casos:

a) El funcionario de policía F se ha enterado casualmente, por conocidos, que *B,* de quien se sospechaba, desde hacía años, que había cometido un hurto con fractura, llevaba, en los últimos tiempos, un gran tren de vida. *B* se había procurado los medios vendiendo alhajas a joyeros. ¿*F* debe actuar? ¿Puede ir a lo de *B* y sondear sus intenciones?

b) F tiene la fundada sospecha de que *B* está planeando un asesinato juntamente con *X.* ¿Puede F escuchar las conversaciones telefónicas entre *B* y *X*? ¿Qué sucede si ya es imposible obtener una orden judicial y se cierne sobre la víctima un peligro inminente?

1. Posición

Solo se trata aquí de la tarea y posición de la policía en el procedimiento penal, y no de su actividad *policial-preventiva.* La Ordenanza Procesal Penal no regula la tarea general de la prevención del delito (prescindiendo de algunos intentos, por ejemplo, la poco satisfactoria prisión de sentido preventivo prevista en los § 112 y 112*a*).

Precisamente la discusión sobre el proyecto-tipo de ley policial unitaria ha determinado (por fortuna) un claro deslinde (que antes se había pasado por alto). Así, se encuentran en la Ordenanza, por primera vez, en los § 111 (puestos de control) y 163fo y 163c (comprobación de la identidad) facultades coercitivas para asegurar el esclarecimiento del hecho punible, que hasta ahora estaban previstas únicamente en el derecho de policía (preventiva) o se proyectaba prever.

En el procedimiento penal la policía, como órgano auxiliar, asiste al ministerio público y actúa por orden suya. En el procedimiento de investigación (instrucción sumaria) le corresponde la *tarea principal de esclarecimiento* (§ 163), *vigilada* y, dado el caso, *ordenada* por el ministerio público (§ 161 y 163, párr. 2). En lo que a la colaboración con el ministerio público se refiere, cfr. *supra,* nº III (también allí sobre los auxiliares suyos según el § 152 de la ley de organización judicial).

En el *caso «a», F* está obligado a emprender otras investigaciones (§ 163). No debe informar previamente al ministerio público; pero tiene el «derecho de intervenir en primer término». Visitará enseguida al joyero a fin de comprobar si hay algo de verdad en esos rumores.

Queda por agregar aquí que las autoridades policiales son simples *autoridades administrativas* (no así el ministerio público con su posición ambigua; cfr. *supra,* nº III, 1). Pertenecen al *Poder Ejecutivo,* aunque actúen dentro del ámbito judicial de la persecución del delito. Por medio del ministerio público, con fuerte orientación judicial, puede y debe ser frenado en todas partes el exceso de celo del Poder Ejecutivo (tarea de vigilancia) y suplirse la proximidad que falta con el tribunal y el conocimiento de la ley. No obstante, los actos de la policía en el proceso penal (o sea, especialmente en el procedimiento de investigación [instrucción sumaria]) son actos procesales, realizados por sujetos procesales y subordinados exclusivamente al derecho procesal.

Guarda relación con ello que nosotros debamos oponernos a toda tendencia que implique reconocer recién tardíamente la *posición del imputado como sujeto procesal* (sospecha vehemente). Cfr. al respecto, por ejemplo, el Congreso del departamento de investigaciones criminales de Wiesbaden de marzo de 1961, en «Strafrechtspflege und Strafrechtsreform», 1961, p. 211. La policía se inclina con frecuencia a tomar como punto de partida en un momento posterior, un «imputado» en el sentido de la Ordenanza Procesal Penal. A nosotros nos interesa que esta *posición jurídica* se presente lo más pronto posible con sus garantías jurídicas, por ejemplo, los § 136, 136ª *y 163ª*, párr. 4, de la Ordenanza Procesal Penal).

En el *caso «a», F, según el parr. 4, debe informar* a *B.* No puede tratarlo como testigo, ya que sospecha de él. Las maniobras engañosas, verbigracia, la afirmación de que el joyero ya había confesado, son, por el § 135ª, inadmisibles.

La policía es un *órgano auxiliar de persecución penal* y de esclarecimiento, *sin derecho de acusar.* Por tanto, todas sus investigaciones deben pasar por el filtro del ministerio público.

2. Funciones y posibilidades

Las funciones principales de la policía se hallan en el procedimiento de investigación (instrucción sumaria). En caso de que la policía sospeche la existencia de una acción punible, debe actuar siempre *por sí.* Conforme al § 158, debe recibir denuncias, ocuparse de ellas, tomar las declaraciones necesarias, etc. Según la Ordenanza Procesal Penal, la policía no tiene al respecto *facultades coercitivas.* No puede obligar a los imputados y a los testigos a comparecer, menos aún a declarar.

El § 163 otorga a la policía solamente un deber, y no derechos de realización. Ver lo que se ha dicho cuando nos hemos ocupado del ministerio público (III, 2), a propósito del § 161. El § 89 de la Introducción al Código Civil prusiano (en que el texto legal imparte una tarea y también los medios para su realización) ya no rige. En un Estado de derecho puede haber intervenciones en derechos únicamente si la ley las admite de manera expresa y si existen los presupuestos legales («reserva de la ley»).

Las *leyes de policía* de los Estados federados prevén facultades coercitivas para la detención de personas. En la mayor parte de ellos también pueden emplearse estas facultades para cometidos represivos (esclarecimiento de delitos o crímenes); cfr. al respecto la ojeada que figura en Drews-Wacke-Vogel- Martens, II, ps. 78 y ss. (la Corte Suprema federal formula reparos, «Neue Juristische Wochenschrift», 62, 1020).

En las *facultades coercitivas* para el esclarecimiento de hechos punibles, la Ordenanza Procesal Penal es más reservada frente a la policía que frente al ministerio público. Existen, sin embargo, algunas posibilidades: así, la policía posee (como el ministerio público) los derechos previstos en el § 164, el derecho de la *aprehensión* ampliada del § 127, párr. 2, y el de llevar a cabo *identificaciones* a las cuales se refiere el § 81*b* de la Ordenanza (con el cual se cometen lamentablemente muchos desatinos y abusos). En cuanto a la vía jurídica, ver las sentencias 16, 89 y 93, y 11, 181, del Tribunal Federal Constitucional y del Tribunal Federal Administrativo, respectivamente.

El derecho a la determinación del nombre está reforzado por el § 111 de la ley sobre las infracciones al orden (prestación de nombre falso) y el derecho a la determinación de la identidad se infiere de los § 163*b* y 163*c* de la Ordenanza Procesal Penal.

Tan solo los funcionarios policiales que por el § 152 de la ley de organización judicial, juntamente con las ordenanzas de ejecución de los Estados, son *auxiliares* del ministerio público, tienen el derecho, como el ministerio público, en caso de peligro inminente en la demora (si una orden judicial llegara demasiado tarde) de ordenar secuestros (§ 98, OPP [medios de prueba y licencias de conductor], así como los § *111e*, párrs. 1 y 2, 111*f* y 111*l* [objetos móviles caducos y pasibles de confiscación incluyendo la enajenación por necesidad]; ¡pero no tienen el derecho de confiscar la correspondencia conforme al § 100!), y también de ordenar y llevar a cabo *registros* y *exámenes* (§ 105, 81*a* y 81*c*). La policía no tiene el derecho de examinar los papeles encontrados en las investigaciones (§ 110, párr. 1), salvo que el tenedor lo consienta (párr. 2).

En el *caso «b»*, conforme al § 100*b*, tan solo el juez y, en caso de peligro inminente en la demora, el ministerio público tienen el derecho de ordenar vigilancia telefónica; en consecuencia, *F* no lo tiene, tampoco en caso de necesidad. Es posible que el principiante comprenda esto con cierta dificultad, aunque en otros casos tropiece, con suspicacia (justificada), con facultades policiales. Pero debe pensarse tan solo que como presupuesto es suficiente, con arreglo al § 100*a*, una «sospecha» (que debe fundarse, por cierto, en hechos determinados). Como siempre, estamos aquí frente al dilema de impedir el delito y de esclarecerlo a cualquier precio, o en un procedimiento formalizado, y así, necesariamente, lento (que a menudo se presenta demasiado tarde).

V. Acusador privado y acusador conjunto

Casos:

a) *A* injuria a B, y a la inversa. *A* promueve acción privada y encarga a la policía lleve a cabo investigaciones. *B* está muy asustado y de repente se va de viaje. Vuelve puntualmente con motivo del debate. ¿Qué puede hacer?

b) El ministerio público se entera de la acción promovida por *A*. Dado que afirma la existencia del interés público, él mismo se hace cargo de la persecución de *B*. ¿Con otra acción? ¿Qué ocurre con la acción privada promovida por *A*?

Antes, en el capítulo 2, al ocuparnos del principio de oficialidad, acusatorio y de legalidad, hemos mencionado la acción privada y la conjunta; también se ha dicho que la protección jurídica en los delitos de acción privada (§ 374) es sumamente insuficiente y que el principio de oportunidad está elaborado muy vigorosamente (§ 383 y 390).

Al comentar la Parte especial del Proyecto alternativo, se pensó, por consiguiente, en la conveniencia de reducir considerablemente el grupo de los delitos de acción privada (levantándose algo el umbral de la punibilidad en la lesión corporal y en la injuria; ver los § 108 y ss. y 137 y ss. del Proyecto alternativo).

El acusador privado y el acusador conjunto son sujetos procesales que pueden actuar en el aspecto acusatorio en lugar del ministerio público o junto a él. *No se* limitan solamente a desempeñar un *papel auxiliar* (como la policía), sino que pueden poner en marcha e impulsar el procedimiento con actos procesales importantes (portadores de los poderes procesales). A diferencia del tribunal, del ministerio público y de la policía, no son *órganos de persecución penal* (del Estado), sino particulares que están en condiciones de realizar actos (procesales) de derecho público. De esta «naturaleza privada» también se deducen las diferencias con la posición jurídica del ministerio público.

Dado que en el proceso el *acusador privado* no tiene esencialmente derechos más amplios que el imputado y también le falta la poderosa posición del ministerio público, se puede hablar, cuando se hace referencia a la acusación privada, con cierto derecho, de un proceso de partes.

1. Acusador privado

El acusador privado es su propio ministerio público. Los casos de acciones privadas están enumerados exclusivamente en el § 374 de la Ordenanza Procesal Penal (no son completamente idénticos a los delitos perseguibles por instancia; ver, por ejemplo, los § 247 y 241 del Código Penal).

El § 374, párr. 2, no consigna otros delitos de acción privada; solo regula la cuestión de quien, además del lesionado (§ 374, párr. 1), puede estar autorizado para litigar (comparable con la legitimación procesal del proceso civil). Esto es importante para el § 194, párr. 3, del Código Penal.

El acusador privado (y el que ejerce la reconvención en caso de acción privada mutua, § 388) puede, como el ministerio público, *promover la acción,* § 381 (en casos determinados, es necesario, conforme al § 380, hacer previamente un intento de conciliación y arbitraje, certificándolos). El acusador privado tiene que pagar el anticipo de tasas y prestar caución; § 379*a* y 379. Su derecho a ser oído corresponde al del ministerio público. En cambio, puede ejercer su derecho de vista de las actas únicamente por medio de un procurador. No dispone de todo el dispositivo auxiliar de la policía. No tiene facultades coercitivas.

En cuanto a los *recursos,* la situación del acusador privado es como la del ministerio público. Se discute si también puede interponerlos en favor del acusado.

La opinión dominante lo niega con razón (ninguna función oficial; se pronunció en contra la sentencia 22, 400, del Tribunal del Reich; sin embargo, se trataba de autoridades impositivas). Una ojeada relativa a la actual situación discutida se encuentra en Wendisch, Löwe-Rosenberg, § 390, nota marginal 7). El derecho de desistimiento está ampliado en el § 391 (frente al derecho del *ministerio* público en el § 156). Esto guarda relación con la falta de interés público en la persecución.

En el *caso «a»*, la policía no actúa. *A* debe, él mismo, reunir las pruebas y mencionarlas en la acusación, § 381-200, «medios de prueba». El juez (según el § 25 de la ley de organización judicial, siempre el juez municipal competente en razón del territorio) comunica a *B* la acusación privada. Si se libra un auto de apertura (§ 383), el juez citará al debate (§ 386) (solamente a los testigos cuyas declaraciones considere importantes). Incluso respecto de la extensión de la recepción de la prueba, en la acción privada, el juez es más libre (§ 384, párr. 3).

Dado que, conforme al § 77c del Código Penal, el plazo de *B* para querellar no ha vencido todavía (incluso si el plazo de 3 meses ha caducado, puede presentar la querella hasta la conclusión de la audiencia de primera instancia), puede presentarla y, según el § 388, aun ahora promover la reconvención. Con arreglo al § 199 del Código Penal, habrá, por lo común, una declaración de impunidad o una transacción (no regulada por la ley, pero admitida por la práctica).

2. Acusador conjunto

También el acusador conjunto es sujeto procesal en el lado activo, con amplias facultades, como el ministerio público, para realizar actos procesales importantes; pero no dispone de los mismos derechos cuando estos derechos fluyen de la posición del ministerio público como órgano estatal de persecución penal.

La ley *admite* la acusación conjunta, allí donde podría existir una *desconfianza* justificada en la persecución penal del ministerio público. Así, por ejemplo, en los delitos de acción privada, el ministerio público puede intervenir nuevamente en cualquier momento y asumir la persecución (§ 377, párr. 2). El ministerio público también puede en asuntos de acción privada afirmar de antemano la existencia del interés público y promover la acción pública (§ 376). En ambos casos el lesionado puede actuar como acusador conjunto (§ 395 y 377, párr. 3). Incluso el caso del procedimiento exitoso de acción pública forzosa conforme al § 395, párr. 2, nº 2, es un caso de desconfianza. En cambio, es algo atávica la acusación conjunta con arreglo al § 395, párr. 2, nº 1 (desde 1953), y superflua la prevista en el § 395, párr. 3 (desde 1951).

En el *caso «b»*, el ministerio público puede proceder sobre la base del § 377. Otra interposición de la acción no es necesaria, sino tan solo una manifestación conforme al párrafo 2. *A se* convierte en acusador conjunto, conserva su influencia en el procedimiento (eventualmente, interposición de recursos, declaraciones, informe en el debate, etc.).

La posición del acusador conjunto corresponde a la del acusador privado; ver lo que se ha dicho en el nº 1 (§ 397). Si la adhesión como acusador conjunto (§ 396) se realiza solamente en el curso del procedimiento —tal vez únicamente en la instancia de la apelación—, el acusador conjunto tiene que conformarse con el procedimiento anterior. Por ejemplo, no puede exigir que se repitan nuevamente todos los actos procesales importantes y que todos los actos procesales importantes se repitan de nuevo (§ 398 y 399). La muerte del acusador privado y del acusador conjunto tiene como consecuencia el fin de la acusación privada y conjunta (§ 393 y 402, prescindiendo de la excepción prevista en el § 393, párr. 2). También aquí se pone de manifiesto el carácter privado, no estatal, de esta relación que es, de por sí, de derecho público

3. Otros particulares

El acusador privado y el acusador conjunto son sujetos procesales que pueden realizar actos procesales importantes (actos de gestión e impulso procesal) y que, a salvo el carácter de órgano de persecución penal estatal, que les falta, poseen la posición del ministerio público.

También otros particulares pueden actuar en el procedimiento penal. Basta señalar que el denunciante y el instante realizan, por el § 158, actos procesales que deben evaluarse procesalmente y son, dado el caso, eficaces en el aspecto procesal. Si quien presenta la instancia es a la vez el *lesionado,* tiene, conforme a los § 172 y ss., posibilidades especiales y la posibilidad de presentarse como acusador conjunto. También estas personas son, por consiguiente, sujetos procesales (criterio discutido), pero no principales, sino tan solo auxiliares.

VI. Imputado y defensor

Casos:

a) Se sospecha que *B* ha cometido un hurto con fractura. *P* va a verlo y le pone la pistola en el pecho: «A usted se lo ha visto, admítalo». Pero P no lo ha advertido a 6, ni a éste se lo ha visto. ¿Es admisible? ¿Puede hacerse valer una eventual confesión de *B*?

b) *B,* el imputado, ha confesado el hecho a su defensor *D.* No obstante, el debate se desarrolla en forma favorable para él, porque el defensor logra darles inseguridad a todos les testigos del ministerio público. ¿*D* puede hacerlo? ¿Puede solicitar con firmeza la absolución?

c) *B,* de quien se sospecha la comisión de un asesinato, cree poderse defender solo en la mejor forma posible. Además, no confía en los abogados. ¿Puede quedar sin un defensor? En caso necesario, ¿puede tomar, juntamente con su cómplice *B* 1, un defensor?

El imputado es, sin *más* el sujeto procesal *pasivo.* En la introducción al capítulo 3 (antes del nº I) se dijo que esto no significa de ninguna manera que el imputado solo deba sufrir actos procesales. Al contrario, la Ordenanza Procesal Penal cuida de su protección (ver lo que se ha dicho en el capítulo 1) y esta protección puede alcanzarse solamente acortando y limitando las posibilidades jurídicas de actuar de los demás sujetos procesales de la parte activa, por un lado, y abriendo al imputado, por el otro, una cantidad de posibilidades procesales de actuar.

Dado que el imputado no está con frecuencia en condiciones de atender solo todas estas posibilidades, se lo asiste con un defensor que pueda velar por ellas. La *posición jurídica* del imputado *no es completamente idéntica* a la del defensor. El abogado y el defensor son órganos de la administración de Justicia (§ 1 de la Ordenanza sobre los abogados federales) y el ordenamiento jurídico debe darles a ellos confianza en lo que al comportamiento procesal se refiere, puesto que no siempre se la puede dar al imputado (piénsese, por ejemplo, tan solo en el examen y en la entrega de las actas. El imputado podría inclinarse a quemarlas y pensar que esto constituye la defensa más eficaz). Sin embargo, el imputado y el defensor deben ser tratados en un capítulo único, porque su posición jurídica en el proceso penal está regulada, en muchos puntos, en forma armónica.

A menudo, algunos autores (por ejemplo, E. Schmidt y Beling) designan al defensor también como *ayudante* del sujeto procesal o como representante de *B* (Spendel en «Juristenzeitung», 59, 737). Pero esto no tiene del todo en cuenta su posición jurídica peculiar. Como aquí se pronuncia la sentencia 12, 369, de la Corte Suprema federal. En cuanto a la reacción del legislador al abuso de la posición del defensor, ver lo que se ha dicho en el capítulo 1, II, 2.

1. Imputado

a) Dado que en los principios procesales expuestos en el capítulo 2 se ha mencionado la posición jurídica del imputado (por ejemplo, en el principio de inmediación, en el de oralidad, en el de ser oído), puede hacerse referencia a ella en lo que atañe a la *posición* del imputado en el procedimiento.

El imputado es sujeto procesal, o sea, de todos modos, *sujeto y no objeto* del procedimiento (ver también el art. 1 de la Ley Fundamental). No obstante, puede ser objeto de distintos actos procesales, verbigracia, del tribunal o del ministerio público y de la policía. Esto no afecta su posición de sujeto procesal. Incluso en actos procesales dirigidos contra él y eficaces, de otros sujetos procesales, conserva su calidad de sujeto. La consecuencia más importante consiste en que mantiene el derecho y la posibilidad de defenderse (emisión de declaraciones de voluntad y de conocimiento, derecho a ser oído, recursos, otros derechos de instancias).

Otra opinión sustenta Peters (*Lehrbuch*, § 28, III), quien, a mi entender, no separa claramente el concepto de subjetividad procesal de la cuestión de si un sujeto procesal puede ser objeto de algún acto procesal.

Imputado es aquel contra el cual se dirige el procedimiento (a saber, aquel contra el cual se dirige una sospecha y se lleva a cabo el primer acto procesal).

Acerca de la tendencia de la policía de no admitir muy pronto la posición de imputado, ver lo que se ha dicho en el nº IV, 1. Al comenzar el proceso, no siempre existe el imputado, como ocurre cuando se halla un cadáver y en el procedimiento subsiguiente con arreglo a los § 87 y ss. de la Ordenanza Procesal Penal. El reconocimiento de cadáveres es, ciertamente, un acto procesal judicial, incluso si nada hace pensar que existe alguien de quien se pueda sospechar. Al hecho, por lo demás, se lo conoce, sin que exista una referencia al autor (proceso penal —instrucción sumaria— sin el imputado).

Para la posición de imputado, *carecen de trascendencia* su edad, la imputabilidad, etc. Incluso un niño puede ser imputado (en este caso, ejerce los derechos, en parte, el representante legal). La punibilidad y la perseguibilidad del hecho no interesan (puede ser imputado también una persona exenta). Es casi superfluo señalar (lamentablemente, según las experiencias, no es completamente superfluo hacerlo) que la cuestión de la *autoría* no tiene nada que ver con la posición del imputado.

Existen muchos imputados que no son autores y también, a la inversa, autores de hechos punibles que no son nunca acusados.

b) Los *derechos* del imputado se regulan en las varias fases del procedimiento de distintas maneras (ver el croquis en el n° III, 2). En el procedimiento de investigación (instrucción sumaria), *B* tiene la posición jurídica más débil y en el procedimiento principal la posición más fuerte. Así, los *derechos de asistencia* (a los cuales corresponde, en la mayoría de los casos, pero no siempre, el deber de la asistencia personal) están regulados en las distintas fases procesales de distintas maneras. En el procedimiento de investigación (instrucción sumaria), existe el deber de la asistencia personal solamente en caso de ser citado para declarar ante el juez y el ministerio público (ver los n^{os} I y III). En el debate, existe el deber y el derecho de asistencia (ver sobre todo el § 247). En detalle, puede remitirse al principio de inmediación (capítulo 2).

En distintos actos procesales existe, incluso en las *fases procesales anteriores al debate,* el derecho de asistir (a fin de que no se reciban medios de prueba sin la posibilidad de que el acusado influya sobre ellos [con preguntas, etc.]); así, en el procedimiento de investigación conforme a los § 168*c* y 168*d* (no obstante, limitado para el imputado que no se encuentra en libertad).

En cuanto a la asistencia en la audiencia de apelación, cfr. los § 323, párr. 1, 216 y 329. En la instancia de casación existe el derecho pero no el deber de asistencia; § 350, párr. 2. No se trata aquí de una nueva evaluación de la prueba, sino únicamente de un examen jurídico. En consecuencia, la presencia del imputado no es tan importante.

Los derechos de asistencia solo tienen, de por sí, una función auxiliar: deben hacer efectivo el *derecho a ser oído* (art. 103, párr. 1, de la Ley Fundamental y § 33 de la Ordenanza Procesal Penal) (ver el capítulo 2, n° 10). Solo quien está totalmente informado, puede ejercer correctamente este derecho. (El derecho a ser oído constituye un sector jurídico del derecho general a la defensa). No existe un deber que corresponda al derecho a ser oído. El texto anterior del § 136 de la Ordenanza (cuya falta de claridad deliberada es de lamentar) dispone en la actualidad en forma terminante que el imputado no está obligado a declarar o a tomar participación activa.

El imputado debe ser incluso informado de manera expresa acerca de este derecho al silencio. En cuanto a las consecuencias de la falta de información, cfr. E. Schmidt en la «Neue Juristische Wochenschrift», 68, 1209, y Roxin, *Strafprozessrecht, Prüfe dein Wissen, 1ª* ed., 1977, n° 78. De por sí el § 136 solo rige para la declaración judicial, con remisiones en el § 163*a* también al ministerio público y la policía. (Antes, se discutía mucho si el § 136 también podía regir, en general, para el ministerio público y la policía). Ver, a propósito del § 136, lo que se ha dicho en el capítulo 2, n° 6, *e.* Aquí, la pequeña reforma procesal penal ha sido útil. Sobre la historia del § 136 en su texto anterior, cuya falta de claridad no ha sido obviada, conscientemente, por el legislador, ver Baumann, *Narkoanalyse,* 1950, p. 67.

Es especialmente importante la disposición que la ley de unificación del derecho de 1950 ha introducido en la Ordenanza (como reacción a la justicia del nacionalsocialismo): § 136*a.* Esta disposición prohíbe *métodos inadmisibles para obtener declaraciones,* a saber, la fuerza y la amenaza *absolutas,* así como las medidas que perjudiquen la memoria o el discernimiento; también prohíbe la violencia y las amenazas *relativas* (que influyan sobre la libertad de la voluntad), el maltrato, los hechos que producen agotamiento, las intervenciones corporales, las drogas, las torturas, los engaños y la hipnosis. Esta disposición rige respecto de todas las declaraciones que se tomen en el curso del procedimiento, no solo para el juez, sino también por la remisión del § 163*a*, para el ministerio público y la policía. Incluso si el imputado hubiera de consentir estos métodos, son inadmisibles en el aspecto procesal y también punibles (por lo menos, como coacción según el § 240 del Código Penal o como extorsión de declaraciones según el § 343 del mismo Código, deduciéndose la antijuridicidad del § 136*a* de la Ordenanza). Además, y para quitar todo aliciente para realizar medidas de esta especie, el legislador ha establecido, en el § 136*a*, párr. 3, la prohibición de su utilización (respecto de declaraciones obtenidas en forma inadmisible).

En el caso particular surgen numerosas cuestiones dudosas. En cuanto a la opinión propia, ver Baumann en «Goltdammers Archiv», 59, 33, así como también en el Congreso de juristas alemanes, t. II, F, 108.

En el *caso «a»*, *P* ha omitido la información con arreglo al § 163*a*, párr. 4. Por esta sola circunstancia, la declaración era inadmisible en el aspecto procesal. Además, P ha infringido el § 136a, párr. 1. Según el § 136*a*, párr. 3, esta declaración no puede utilizarse (tampoco por la vía de la reconvención durante el debate, cfr. el § 254). El trabajo de *P* fue inútil desde el punto de vista procesal. Se lo debe perseguir disciplinariamente y relevar del servicio de la policía criminal. Esto vale incluso si *B* presta después su consentimiento. La circunstancia de que aquí el autor haya sido investigado es, para la Ordenanza Procesal Penal, el valor jurídico menor frente al valor del comportamiento procesal (y correspondiente al art. 1 de la Ley Fundamental) de los órganos de persecución penal.

Se sigue discutiendo todavía si el imputado tiene el *«derecho a mentir»*. Según la opinión dominante, existe el deber de decir la verdad (si el imputado declara), pero este deber no ha de ser forzado procesalmente. A mi juicio, la sola admisión del *deber* de decir la verdad, es peligrosa. El imputado no tiene un deber jurídico de esta especie. Tampoco tiene una «pretensión jurídica» en el sentido de un derecho subjetivo a la mentira (cuya lesión tendría que dar lugar a derechos de indemnización).

c) En cada fase procesal, el imputado tiene *derechos de instancia* y puede realizar *actos procesales* que le proporcionen a sus puntos de vista, en el procedimiento, audiencia y atención. Tienen particular importancia los *derechos de requerimientos de pruebas* con arreglo a los § 136, párr. 2, 163*a*, párr. 2, y 166 en el procedimiento de investigación (instrucción sumaria); los mismos derechos conforme al § 201 en el procedimiento intermedio (lamentablemente utilizados tan poco); y, por último, esos mismos derechos en el debate según los § 244 y 245. En cada fase del procedimiento, el imputado tiene la posibilidad de hacer valer circunstancias de descargo y de señalar para ello medios de prueba. Este sistema está desarrollado de manera especial en favor del imputado aprehendido y detenido. Aquí deben proponerse, lo más pronto posible, las pruebas de descargo ofrecidas (§ 128, 115 y 115*a*).

Es especialmente eficaz el derecho de requerimiento de prueba en el debate. Difícilmente puede el juez rechazar los medios de prueba existentes (§ 245); cfr. lo que se ha dicho en el capítulo 2, nº 7. Si no existen medios de prueba, rige el § 244. Si el juez rechaza, por las razones expuestas, un requerimiento de prueba, debe fundar esta decisión en un auto; § 244, párr. 6. Muchos recursos tienen éxito por haber el juez hecho caso omiso de un requerimiento de prueba o por haberlo rechazado injustamente o por haber fundado defectuosamente el rechazo.

Un método bien visto por los defensores penales consiste en poner en el informe final algunos requerimientos de prueba eventuales. A veces, obligan al tribunal a ocuparse nuevamente de la recepción de la prueba.

2. Defensor

La simple enumeración de los derechos y de las posibilidades del imputado (y el último ejemplo) indican que éste necesita con frecuencia la ayuda de una persona versada en leyes, o sea, de un defensor. Cuando se habla de *«derecho a la defensa»* del imputado, se hace referencia, en general, a los derechos mencionados en el nº 1 (derecho a ser oído como subcaso del derecho a la defensa). Además, este derecho a la defensa también implica el derecho de valerse de una ayuda que vele por la salvaguardia de los derechos del imputado (§ 137 de la Ordenanza y también art. 6, párr. 3, de la Convención sobre los derechos humanos).

a) Como se ha dicho en el nº VI, antes del nº 1, la *posición jurídica* del defensor es un poco más fuerte que la del imputado. El defensor es órgano de la administración de Justicia (§ 1 de la Ordenanza sobre los abogados) y no le concierne directamente el procedimiento penal, es un jurista con la misma formación que el juez y el ministerio público y, por tanto, es también más idóneo y digno de confianza cuando se trata de cuidar los derechos de la parte pasiva.

Aquí debe compararse lo que se dice en los «Conceptos fundamentales del proceso civil» (capítulo III, 2).

Precisamente porque el imputado se halla bajo la dura presión del cargo que pesa sobre él, sufre un detrimento psíquico que no le permite aprovechar totalmente su posición jurídica. El defensor no se halla bajo esta presión. Por la inculpación que pesa sobre el imputado y la sospecha que existe en contra de él, las declaraciones del defensor tienen, en general, una importancia mucho mayor que las de aquél («que quiere salir del apuro con mentiras»). Nunca el defensor, pero sí el imputado, temen, a veces, perjuicios (verbigracia, en la determinación de la pena), si el último choca duramente con el ministerio público y el tribunal, por ejemplo, señalando a uno y a otros (y, en ocasiones, esto es necesario) sus barreras (procesales). Por último, el defensor puede juzgar adecuadamente, mejor que el imputado, las perspectivas del proceso (por ejemplo, la omisión de recursos innecesarios y de requerimientos que demoran el procedimiento pero no lo modifican).

Por todas estas razones, se infiere, en muchos casos, que la ayuda de un defensor es *necesaria*.

El *doble rol* del defensor —órgano de la administración de justicia, por un lado, y asistente, por el otro, de su mandante— da lugar a numerosos problemas. Como órgano de la administración de Justicia, está obligado frente a la comunidad jurídica. También el defensor puede ser punible por frustración de la pena conforme al § 258 del Código Penal. En cambio, como asistente del imputado, debe velar por sus intereses, aunque sean contrarios a los de la comunidad jurídica. El defensor no es un espía a quien se quiere introducir en el campo del imputado. Exagerar la importancia de la posición de la administración de Justicia tendría como consecuencia que ningún imputado podría confiar en su defensor, o sea, que sería mejor que no lo tenga.

En el *caso «b»*, el defensor ha logrado, con razón, la inseguridad de los testigos (§ 240, párr. 2, y 257, párr. 2, del Código Penal). Las declaraciones de testigos inseguros no pueden fundamentar ninguna condena. El defensor no está obligado a revelar la autoría del imputado. Si lo hiciera, lesionaría su deber de defensor. Ciertamente, en esta situación, puede y debe, según la opinión dominante, pugnar por la absolución. Se ocupa de estas cuestiones, sobre todo, Peters, *Lehrbuch,* § 29, I, V.

Hay que evitar también que la defensa se convierta en una especie de «justicia previa», por ejemplo, que estando al tanto el defensor de la autoría del imputado, resigne en forma ostentosa su mandato (y este conocimiento puede no ser exacto, por ejemplo, si depende de una confesión falsa del imputado). En consecuencia, los casos límite deben diferenciarse en forma tal que el papel de *asistente* no sufra (o sea, a costa del papel relativo a la administración de Justicia).

Ejemplos: Sobre la base de esta exposición, hay que pensar si el defensor puede señalar al imputado la existencia de una laguna en el texto legal. ¿Puede decirle a éste cuál es el criterio jurídicamente útil? ¿Puede aconsejarle que no se atenga a una confesión (en la situación concreta de la prueba)? ¿Puede presentar al tribunal como testigo a alguien, que le ha mencionado el imputado, aunque sepa que jurará en falso? A propósito de esta última situación, confróntese, en la jurisprudencia, las sentencias 66, 324, y 2, 377, del Tribunal del Reich y de la Corte Suprema federal, respectivamente. ¿Puede el defensor aconsejar a un pariente que rehúse prestar el testimonio o de esta manera se vuelve culpable conforme al § 258 del Código Penal? Ver la sentencia 10, 393, de la Corte Suprema federal.

La *posición de órgano de la administración de Justicia* (mejor que la del imputado) se revela, por ejemplo, en la circunstancia de que las medidas referentes a la *policía de las audiencias* no son admisibles contra el defensor (§ 177 de la ley de organización judicial), en que el defensor (y no el imputado) dispone del derecho que le otorga el § 147 de la Ordenanza y en que el defensor, altamente sospechoso de la comisión del hecho (§ 138*a,* párr. 1), debe ser excluido de la defensa, etc.

Sobre la introducción (y justificación) de la exclusión del defensor por ley del 20/12/1974 y el descenso del «umbral de la sospecha» por ley del 14/4/1978, ver lo que se ha dicho en el capítulo 1, II, 2.

b) Los especiales derechos del defensor están regulados en los § 137 y ss. de la Ordenanza. Aquí, en el § 148, figura el importante *derecho de comunicación con el imputado* (la pequeña reforma del derecho procesal penal ha eliminado las limitaciones anteriores), pero en los procedimientos previstos en el § 129*a* del Código Penal se han agregado nuevas limitaciones en la comunicación escrita (no oral) en los § 148, párr. 2, y 148*a* de la Ordenanza Procesal Penal. Ver también los § 31 y ss. de la ley de introducción a la ley de organización judicial según el texto de la ley de bloqueo de contactos (incomunicación) del 30/9/1977.

Los presupuestos jurídicos del bloqueo (incomunicación) son excesivamente amplios (por ejemplo, peligro para el cuerpo) y las consecuencias jurídicas excesivamente terminantes: la ayuda de un defensor (o, en circunstancias determinadas, de otro) no puede ser sustituida por la de un juez. Piénsese en las solicitudes de gracia, en las medidas disciplinarias, en los medios coercitivos o en hechos punibles (por ejemplo, de codetenidos o propios) durante la ejecución. Aquí se presenta una cantidad de situaciones que traslucen como necesaria la ayuda de un defensor.

La Ordenanza también contiene, en el capítulo sobre la defensa, el derecho de la *vista de los autos* (§ 147) que se realiza después de hacer constar el cierre de las investigaciones (§ 169*a*; cfr. el § 147, párrs. 2 y 3). También debe darse al defensor la posibilidad de llevarse los autos a su oficina o a su *domicilio,* siempre que no se opongan a ello motivos importantes (§ 147, párr. 4). Antes se discutía si el derecho de la vista de los autos también se refería a las *piezas unidas a los autos principales* (de otras autoridades consultadas, verbigracia, por el tribunal), pero ahora esta cuestión ha sido resuelta en forma positiva en el párrafo 1. El defensor también puede solicitar extractos y copias, tanto de los autos principales como de dichas piezas. Únicamente así el defensor estará en condiciones de asumir con éxito la defensa v de defenderse contra todos los golpes de la acusación con sus propios contragolpes.

Los *derechos de asistencia* del defensor corresponden a los del imputado, pero no está sujeto a las limitaciones que existen para el imputado detenido: § 168*c*, 168*d*, 224, 225, 218 y 227. Sin duda, según el § 228, párr. 2, el debate puede realizarse incluso sin el defensor, de no existir situaciones de defensa necesaria (caso contrario, se procederá con arreglo al § 145).

El *derecho a ser oído* se da del mismo modo para el defensor y el imputado: § 33, 240, párr. 2, y 257, párr. 2. El derecho al interrogatorio cruzado (*cross examination)* de un testigo solo lo tiene el defensor: § 239.

Incluso el *derecho de solicitar pruebas* y *recursos* corresponde al imputado. En la interposición de un recurso se prevé la peculiaridad del § 302, párr. 2. Sin un mandato del imputado, el defensor no puede desistir de un recurso. Debe asegurarse que éste no proceda en forma arbitraria. No puede interponer un recurso en contra de la voluntad expresa del imputado: § 297. Aunque el defensor tenga los mismos derechos que el imputado, éstos no se infieren de la posición jurídica del imputado. *Originalmente,* corresponden al defensor y se deducen de su posición de órgano de la administración de Justicia regulada en la Ordenanza Procesal Penal (sentencia 12, 369, de la Corte Suprema federal).

Conforme al § 53, párrs. 1 y 2, de la Ordenanza, el defensor tiene el *derecho de abstenerse de declarar testimonialmente* y la *obligación de guardar el secreto,* asegurada penalmente, en el § 203 del Código Penal. El derecho mencionado existe mientras el mandante no exima de esta obligación: § 53, párr. 2. Si el defensor declara sin haber sido eximido, esta declaración es procesalmente válida, pero el defensor será punible conforme al § 203 del Código Penal. Por consiguiente, la disposición penal y el derecho profesional obligan al defensor a usar de su derecho de abstenerse según el § 53 de la Ordenanza Procesal Penal (no constituye una obligación). Con ello se logra, de este modo, la protección suficiente del mandante.

No obstante, puede existir el deber de *revelar,* por ejemplo, en los casos previstos en el § 138 del Código Penal (cfr. la regulación en el § 139).

c) La Ordenanza regula en forma diferente la cuestión de quién puede ser defensor, según se trate de defensores elegidos por el mismo imputado o de defensores de oficio, designados por el tribunal.

Conforme al § 138, *defensor elegido* puede ser cualquier abogado admitido ante un tribunal (así como también cualquier docente de derecho de universidades alemanas), en tanto que otras personas pueden ser admitidas solo si media la autorización del tribunal y, cuando se trata de defensa necesaria, solo juntamente con un defensor de oficio. De esta manera, la Ordenanza pretende asegurar que ejerzan el cargo de defensores elegidos únicamente las personas con formación jurídica plena.

Por otro lado, hay que tener presente que en el proceso penal cada abogado admitido puede actuar en *cualquier* tribunal (en el proceso civil, con arreglo al § 78 de la Ordenanza Procesal civil, a partir del Tribunal provincial, únicamente el abogado admitido en cada caso ante este tribunal). De esta manera, debe quedar asegurado que el imputado elija, incluso en el Tribunal Superior estadual o en la Corte Suprema federal, el abogado de su confianza (no solo el abogado admitido por el Tribunal Superior estadual o la Corte Suprema federal). La ventaja de esta regulación consiste en que el imputado puede conservar a «su» defensor en todas las instancias. El *inconveniente* es evidente: falta con frecuencia la competencia del abogado. Un buen abogado de primera instancia no tiene, casi nunca, práctica de casación. Sería oportuno que se haga asesorar en los casos difíciles.

Lo dispuesto en el § 139 le quita, lamentablemente, un poco de fuerza a toda la cautela de la Ordenanza. El licenciado en derecho debe haber tenido 15 meses de práctica.

Cuando se discute sobre reformas de estudios, cabe pensar que una actividad responsable muy prematura después del primer examen de Estado puede ocasionar inconvenientes ¡t la administración de Justicia e incluso a los que se ocupan del derecho. Un acortamiento de la licenciatura solo es posible si la formación jurídica se intensifica en forma muy considerable. Un pequeño progreso lo constituyen las ampliaciones que figuran en los § 10 y 142, párr. 3, de la ley de organización judicial, por la ley modificadora a la ley sobre los jueces de 1971.

Defensor de oficio puede ser, según el § 142 de la Ordenanza, un abogado o un licenciado (este último, ahora, al cabo de 15 meses de servicio preparatorio; antes, podía serlo incluso un licenciado novel), pero no —y esto es divertido— un profesor de derecho (aunque, según el § 143, el defensor elegido tiene prioridad sobre el defensor de oficio).

Ciertamente, no era buena la práctica anterior (admitida) de designar como defensores de oficio incluso a empleados de la Justicia. El empleado de la Justicia depende de la administración y por esta misma circunstancia no es indicado para mostrar el camino, en caso necesario, al tribunal y al ministerio público.

La pequeña *reforma procesal penal* ha sido definida como la Novela de la fracción de los abogados en la Cámara de Diputados. Es cierto que la reforma ha *fortalecido* considerablemente la *posición jurídica* del abogado y del defensor, y esto es completamente razonable. No obstante, las modificaciones legales solas no bastan. Comúnmente solo se tiene en cuenta un aspecto de la dependencia del abogado: la dependencia del mandante. Pero también existe otra dependencia a veces más funesta: la del tribunal. Especialmente en ciudades y en distritos judiciales pequeños, un abogado puede estar influido no solo por las relaciones amistosas, sino, y aún más, por las relaciones hostiles frente a un presidente en el ejercicio de su cargo. Basta a menudo una referencia algo maliciosa respecto de una instancia omitida, a comentarios jurídicos incorrectos, etc., para poner en ridículo al abogado ante su mandante y los oyentes. Aquí, ninguna ley ayuda; solo ayudan una mejor formación de los abogados (no he considerado como perjudicial la anterior época de los asesores de los abogados) y una mejor posición personal y económica de ellos. Son un gran peligro para la administración de Justicia los abogados venales y también los abogados que hablan según los deseos del juez. Tienen que desaparecer del gremio de los abogados.

d) Bajo la letra *a* ya se ha indicado que en muchos casos el imputado solo puede defenderse correctamente si cuenta con la ayuda de un defensor. Por consiguiente, la ley prevé en ciertos casos (que la pequeña reforma procesal penal ha ampliado pero no alimentado en forma suficiente) la *necesidad* de la defensa. Por principio, el imputado tiene libertad para decidir si se vale de la ayuda de un defensor, § 137 (sería correcto, a contrario: excepción, ningún defensor). Pero en casos graves debe ser designado un defensor (incluso contra la voluntad del imputado). Averigüe Ud. si el § 140, párr. 1, y los § 117, párr. 4, 118*a*, párr. 2, y 126*a*, párr. 2, regulan suficientemente estos casos. En otros, según el § 140, párr. 2, debe nombrarse un defensor únicamente si el hecho es grave o es difícil la situación de hecho y jurídica o si es evidente que el imputado no puede defenderse por sí mismo.

El *nombramiento* del defensor se lleva a cabo, con arreglo al § 141, tan pronto como el imputado, o bien su defensor, pueda ejercer en el procedimiento intermedio los derechos resultantes del § 201 (antes, solamente con notificación del auto de apertura del procedimiento principal). Según el § 141, párr. 3, el defensor puede ser nombrado durante el procedimiento preliminar. El defensor de oficio que ya ha sido nombrado, queda eliminado si el imputado elige a un defensor (§ 143).

En el *caso «c»*, la animadversión del imputado no le sirve de nada. Si no elige a un defensor, se nombrará, conforme al § 140, párr. 1 y 2, un defensor de oficio. Incluso según el § 140, párr. 1 y 5, puede inferirse la necesidad de una defensa (ver también el derecho de requerir en el § 117, párr. 4). Aquí, el nombramiento debe hacerse ya en el procedimiento preliminar, a fin de que durante las averiguaciones y en la instrucción preliminar un defensor pueda ejercer los derechos del imputado.

e) Pueden surgir *situaciones conflictivas* si varios imputados tienen un solo defensor. Antes, esto se admitía con limitaciones, pero ahora el § 146 lo prohíbe. El conflicto resulta así excluido, pero aceptando las dificultades en caso de acumulación pasiva de acciones (especialmente en el ámbito de la ley sobre infracciones al orden).

Según el § 137, un imputado puede tener hasta tres defensores. Por el § 227, éstos pueden dividirse entre sí la tarea también en el debate. Situaciones conflictivas surgen, incluso, con el defensor de oficio contra la voluntad del imputado, que a veces ha de actuar al lado de defensores elegidos y garantizar la realización del proceso (¡si el defensor elegido resigna el mandato con anterioridad a la exposición final, ha sido inútil un debate que puede haber durado años!). Aquí, una solución patentada no existe. La actual no es, por cierto, buena: la cooperación del defensor de oficio a veces no es posible con el imputado ni con los defensores elegidos. Con frecuencia se llega a polémicas verbales y de hecho. ¡Si se eliminan los defensores de oficio, el proceso se podrá comenzar de nuevo!

En el *caso «c»* es inadmisible un defensor común para un imputado y otro, § 146.

3. Asistente

Una vida preocupada, si no se trata de los representantes legales, lleva un sujeto procesal, previsto en el § 149 de la Ordenanza Procesal Penal —el asistente—.

Realmente, asistente es el término genérico; ver el texto legal del § 137. Por consiguiente, el defensor es un subcaso del asistente. Se trata del asistente propiamente dicho.

Asistente puede ser el cónyuge (antes, únicamente el marido) de la persona acusada, así como su representante legal. El asistente debe ser oído en el debate (no bien se presenta como tal). Se lo puede admitir en el procedimiento preliminar.

Por tanto, el asistente no debe ser comparado, en su *posición jurídica,* con el defensor (no así el asistente con arreglo a los § 78 y 90 de la Ordenanza Procesal Civil). No obstante, dispone de derechos procesales propios e independientes; cfr., respecto del representante legal, los § 137, párr. 2, y 298 de la Ordenanza Procesal Penal.

En el *procedimiento penal para menores,* el asistente desempeña un papel más importante; cfr. el § 69 de la ley sobre tribunales para menores.

VII. Otros sujetos procesales

Los sujetos procesales enumerados en los números I a IV y VI desempeñan un papel en cada procedimiento (los acusadores privados y conjuntos mencionados en el n° V, solo lo desempeñan excepcionalmente). Pero aun otros sujetos procesales pueden actuar. Aquí basta indicarlos brevemente.

1. Asistencia judicial, en especial la prestada a los menores

La *asistencia judicial* podría definirse como ayuda procesal oficial (comparable, en este sentido, a la policía). Sirve para la prestación de auxilio y cuidado social del imputado y de su familia y también (y en mayor medida) para la investigación de su situación personal, familiar y económica.

Se ha desarrollado *praeter legem* por las exigencias de la práctica (el juez Bozi que actuó en Bielefeld, a comienzos de los años 20).

Para los menores, la *asistencia judicial* fue legalizada en primer término en los § 22 y 42 de la ley para menores de 1923. Tiene gran significación respecto del procedimiento penal para ellos (aquí se la podría considerar también como sujeto procesal). La regulación legal figura en la ley de beneficencia juvenil (oficinas de protección de la juventud y oficinas regionales de acuerdo con entidades que se ocupan de la ayuda y protección al menor). Según el § 38 de la ley sobre tribunales para menores de 1953, la asistencia judicial para ellos debe hacer valer en el procedimiento los criterios educativos, sociales y asistenciales, investigar la personalidad del menor y supervisar las instrucciones (si no lo hace el encargado de la libertad vigilada). El § 38, párr. 3, regula su posición en el procedimiento.

Mientras la asistencia judicial para los menores figuraba legalmente desde hacía tiempo en la ley sobre tribunales para los menores y ya tenía larga experiencia práctica, la *asistencia judicial para los adultos* fue prevista en la ley solo en fecha reciente (§ 160, párrs. 2y 3, de la Ordenanza). En sentido amplio, la asistencia judicial pertenece a los servicios sociales de la Justicia, figura casi siempre allí (pero, a veces, juntamente con la ayuda a la liberación en el Departamento del trabajo y social) y le incumbe el cometido de aclarar en la decisión la situación personal, familiar y económica. Únicamente si existen estos datos, es posible aplicar una pena justa y útil.

A la asistencia judicial recurre, casi siempre, el ministerio público. Esto es necesario, porque la policía casi nunca averigua o averigua en escasa medida este campo. A la asistencia judicial no le incumben tareas asistenciales (por ejemplo, en caso de aprehensión y detención), pero nada se opone a que se preste un «primer auxilio». Las demás ayudas deben estar a cargo de otros servicios sociales.

2. Autoridades administrativas

La *autoridad financiera* desempeña funciones en el procedimiento penal impositivo. La autoridad financiera, y no el ministerio público, es aquí, ante todo, autoridad investigadora: ver el § 386 de la Ordenanza impositiva. La competencia respecto de la persecución de la pena de parte de la autoridad financiera, sin embargo, no va más allá de la promoción de la acción pública: § 400 y 406 y ss. de dicha Ordenanza.

En general, las *autoridades administrativas* desempeñan funciones, con arreglo a la ley sobre infracciones al orden, incluso en el procedimiento penal si antes fue iniciado un procedimiento sobre la base de dicha ley. Anteriormente (§ 54, derogado, de la ley penal sobre economía), las autoridades administrativas podían actuar en el procedimiento penal como acusador conjunto (así como también la Delegación de Hacienda según los § 467 y 472, derogados, de la Ordenanza citada). En la actualidad, existen funciones en el procedimiento penal con arreglo a los § 63 y 76 de la ley sobre infracciones al orden.

3. Terceros intervinientes

Si se confisca un objeto que no pertenece al imputado o con respecto al cual existen derechos de terceros, éstos también deben intervenir en el procedimiento para hacer valer sus derechos. Mediante la ley de introducción a la ley sobre las infracciones al orden estas disposiciones (que pretenden dar una mayor participación en el procedimiento) son nuevas: § 431 y ss. de la Ordenanza Procesal Penal. Quienes intervienen en la confiscación tienen el derecho de ser oídos (§ 432) y, en general, los derechos de que dispone el imputado (§ 433). Pueden nombrar un defensor, presentar requerimientos de prueba, tomar parte en el debate e interponer recursos. Quien interviene en la confiscación es sujeto procesal.

Sobre el aseguramiento de la destrucción y la confiscación con medios coercitivos, cfr. los § 111*b* y ss.

4. Testigos, peritos y otras personas que proporcionan informaciones

(por ejemplo, autoridades, § 161 y 256 de la Ordenanza Procesal Penal) no son considerados, en cambio, por la opinión dominante, como sujetos procesales. Pero pueden realizar *actos procesales.* A mi juicio, se debería abandonar este concepto, excesivamente estrecho, de sujeto procesal y reconocer subjetividad procesal a todos los que intervienen en el procedimiento. La discusión tiene, en parte, carácter simplemente terminológico (del mismo modo se expresa Henkel, § 25, I).

No es conveniente ofrecer una *síntesis* tampoco en este capítulo. Hacerla, abreviaría demasiado la exposición ya apretada; una síntesis no podría poner de relieve esmeradamente lo más importante y sería completamente inadecuada. *En su lugar,* se recomienda estudiar a fondo, recurriendo a un tratado, los *medios coercitivos procesales* (coordinándolos respecto de los distintos sujetos procesales) y, al dar una ojeada a un procedimiento penal, destacar los sujetos procesales actuantes (determinando los derechos y deberes contrapuestos con la ayuda de la ley). Esto sería, al mismo tiempo, una buena preparación para el capítulo siguiente.

CAPÍTULO 4

ACTOS PROCESALES, RELACIÓN PROCESAL, PRESUPUESTOS PROCESALES

Los sujetos procesales mencionados en el capítulo precedente (en algunos de los cuales se discute la subjetividad procesal; ver Henkel, § 25) y también las personas a las cuales la opinión dominante niega subjetividad procesal (ver el capítulo 3, VII, 4) actúan en el proceso mediante actos procesales. Se encuentran entre sí en una relación jurídica especial: una relación jurídica procesal que es el sitio y la fuente de todos los derechos y deberes mutuamente existentes. La Ordenanza Procesal Penal regula detalladamente la relación jurídica procesal, provista, en forma diferente, de derechos y deberes en las distintas fases del procedimiento; otra estructuración de esta relación jurídica depende a menudo de actos procesales determinados de los sujetos procesales (actos que forman, dentro de lo procesalmente admitido, la relación jurídica concreta).

I. Actos procesales

Casos:

a) Concluido el procedimiento contra el imputado, resulta que el fiscal que había promovido la acción y la había sostenido en el debate, es un enfermo mental. ¿Debe realizarse nuevamente el procedimiento? ¿Qué sucede si ya en el debate se había revelado este defecto? ¿La acción fue promovida en forma eficaz?

b) *P* pregunta al imputado si renuncia a la interposición de recursos. Simultáneamente, el defensor le pregunta al imputado si quiere apelar. En voz alta, éste le contesta que sí. ¿Está firme ahora la sentencia?

c) Los cómplices del imputado amenazan a P y, como consecuencia, éste lo absuelve. La sentencia queda firme. ¿Es eficaz?

1. Los distintos actos procesales

a) Según su *significación* para el proceso, los actos procesales pueden dividirse en *actos procesales portadores de los poderes procesales* y en *actos procesales secundarios* (siguiendo ampliamente la clasificación de Peters). Los actos procesales mencionados en primer término son los actos fundamentales que tienen especial importancia para la preparación y el desarrollo del proceso (que, según Peters, solo pueden ser realizados por los «sujetos procesales propiamente dichos»).

En los sujetos procesales no se hace esta distinción entre sujetos procesales propiamente dichos y otros sujetos procesales. Se podría diferenciar entre tribunal —sujetos procesales propiamente dichos (en la parte activa, ministerio público y acusador privado y en la pasiva el imputado)— (policía^ denunciante). Pero, como observa Henkel (§ 25, I), esta diferenciación no es muy productiva. También resulta demasiado estrecho el afirmar que solo los sujetos portadores procesales llevan a cabo actos procesales portadores de ellos (por ej., la acción penal conjunta del vencedor en el procedimiento para obligar al ministerio público a promover la acción penal, no es menos importante que la instancia previa de persecución penal que le sirve de base).

Los actos procesales secundarios son aquellos que no activan propiamente el proceso, que no conducen a una nueva fase procesal y no hacen avanzar esencialmente el objeto del proceso hacia su meta.

Mucho se discute sobre este punto. Este ámbito dogmático ha sido especialmente estudiado por Beling, Goldschmidt, Kern, Niese, Sauer y Peters.

Algunos *ejemplos* aclaratorios:

Actos procesales portadores de los poderes procesales	*Actos procesales impulsores*	*Actos procesales secundarios*
Denuncia	Ofrecimientos de prueba	Negativa a prestar declaración
Instancia penal	Objeciones (Excepciones)	Medidas policiales referentes a la audiencia

Actos procesales portadores de los poderes procesales	***Actos procesales impulsores***	***Actos procesales secundarios***
Acción	**(Declaraciones de voluntad)**	**(Declaraciones de voluntad)**
Auto de apertura	**–**	**–**
Sentencia	**Declaraciones**	
Escritos sobre recursos	**Emisión de dictámenes**	**Perturbación de la tranquilidad en la sala de audiencia**
(Todas declaraciones de voluntad)	**(Declaraciones de conocimiento)**	**(Declaraciones de conocimiento y actos reales)**

El problema acerca de si simples *actos externos* (por ejemplo, abrir la puerta de la sala de audiencia) también son actos procesales (según dice, verbigracia, Beling), es particularmente discutido. La opinión más restringida la sustentan, con suma inexactitud, Kern-Roxin (*Studienbuch*, § 22, A, I) y Zipf (IV. 1.2.11); según estos autores, son actos procesales únicamente las *declaraciones procesales de voluntad* (o sea, no las simples declaraciones de conocimiento, como, por ejemplo, una confesión o una declaración testimonial).

A mi juicio, debe preferirse el amplísimo concepto (sustentado, verbigracia, por Beling) de acto procesal. También pueden ser actos procesales actos reales (con significación procesal) (y no, desde luego, conductas irrelevantes en el aspecto procesal, por ejemplo, toser en la sala de audiencia).

b) Sobre la base del *sujeto procesal actuante,* los actos procesales pueden distinguirse en actos procesales judiciales y no judiciales. Esta clasificación no es un simple juego. Le corresponde cierta significación para la interpretación y la valoración (por ejemplo, en los actos procesales judiciales).

Son actos procesales *judiciales* los decretos, los autos, las sentencias. Todos estos actos son declaraciones procesales de voluntad que desempeñan, en parte, un papel portador de poderes procesales; les corresponde, también en parte, una garantía especial. En la teoría de los actos procesales defectuosos, estos actos juegan un papel particular: comúnmente, estos actos procesales, si existen defectos, no son nulos, sino tan solo impugnables.

En cuanto a los *actos no judiciales,* puede establecerse una diferencia entre los actos de los órganos de la persecución penal oficial y los de las personas privadas. Corresponden al primer grupo los actos del ministerio público (por ejemplo, el cierre del procedimiento con arreglo a los § 170 y 153 y ss. y la promoción de la acción) y al segundo los actos procesales del imputado, del acusador privado y del acusador conjunto. En los actos mencionados en segundo término, será necesario demostrar, en la interpretación, una especial amplitud (no ateniéndose al texto, sino investigando el real interés del sujeto actuante, tratando de realizarlo).

c) Los actos procesales pueden ser *actos de promoción* o *actos constitutivos.* Los primeros son los actos de la parte activa o pasiva que producen una *decisión judicial* (o que, por lo menos, están dirigidos a ella), por ejemplo, todas las instancias, objeciones, afirmaciones y pruebas. En cambio, los actos constitutivos no tienden a la motivación de la decisión judicial. Conforman *directamente* la estructura del procedimiento (por ejemplo, desistimiento de la acción, renuncia a los recursos).

Mucho se discute al respecto. Especialmente Goldschmidt y Niese se han ocupado de estas cuestiones. Incluso la significación de esta diferenciación da lugar a disputas.

Según Sauer, existen 4 valoraciones para todos los actos procesales. Sin embargo, Niese afirma que ciertas valoraciones juegan un papel únicamente para los actos de promoción:

Validez
Eficacia } según Niese, solamente para los actos constitutivos («observabilidad»).

Admisibilidad
Sustentabilidad } según Niese, solamente para los actos de promoción.

A mi juicio, esta diferenciación es rebuscada. Así, la ineficacia (según Niese, inobservabilidad) también le puede corresponder a una petición (que se considera, en general, como acto de promoción).

d) También se efectúan otras distinciones que en el caso particular pueden jugar un papel para la valoración de un *acto* procesal:

Se podría diferenciar entre actos procesales realizados por *juristas* y actos procesales realizados por *legos* (sobre ello ver lo que se ha dicho bajo la letra *b).*

En el primer caso un silencio se debería interpretar más bien como renuncia a la interposición de una instancia; no así en el caso de los actos procesales realizados por legos no acostumbrados a prácticas procesales (son correctas las sentencias 75, 167, y 1, 286, del Tribunal del Reich y Corte Suprema federal, respectivamente).

Se puede hacer una distinción entre actos procesales que consisten en una *acción positiva* y los que consisten en una *omisión.* Por ejemplo, el silencio ele referencia puede significar la renuncia a la interposición de una petición.

Pertenece a Sauer la distinción de los actos procesales en actos procesales relativos a la conformación del objeto procesal (que influyen sobre el material procesal), persecutorios (orientados al fin del proceso) y *actos procesales y de tránsito* (que conciernen al curso exterior del procedimiento).

Ya se ha mencionado la distinción entre las *declaraciones* y los *actos reales.* Las declaraciones son las de la *voluntad* (declaración procesal de voluntad dirigida a la consecuencia jurídica; por ejemplo, una pregunta al testigo cuya contestación se pretende) y las del *conocimiento* (por ejemplo, la declaración del testigo). Son actos reales, verbigracia, la aprehensión, la ejecución de la detención, del secuestro (a veces, si se lo sigue a Beling, abrir o cerrar la puerta de la sala de audiencia).

Los actos procesales pueden consistir en *una sola acción* o representar un *comportamiento de duración más prolongada.* Un ejemplo relativo al primer grupo lo ofrece la declaración del testigo y un ejemplo respecto del segundo grupo, la recepción total de la prueba.

Finalmente, se puede distinguir entre actos procesales *simples* y *bifuncionales* (cfr. acerca de esta distinción especialmente el escrito que lleva el mismo título, de Niese, 1950). Los actos procesales bifuncionales tienen no solo una función procesal, sino también jurídico-material. Así, por ejemplo, una detención no es tan solo un acto procesal, sino también una acción que interviene en la posición jurídica del afectado (privándolo de la libertad).

Todas estas diferenciaciones son importantes para comprender *completamente* los actos procesales en su estructura y, así, para juzgar correctamente. Sin estas categorías y sin un análisis exacto de las formas del comportamiento, una teoría procesal general no puede realizarse.

Intente Ud. mismo ordenar los actos procesales conocidos en las categorías mencionadas en las letras *a* a *d.*

2. Capacidad procesal, capacidad de litigar

Como se distingue en el derecho civil entre capacidad de derecho (todo sujeto de derecho) y capacidad de hecho, y en el derecho procesal civil entre capacidad de ser parte en el proceso (§ 50 de la Ordenanza Procesal Civil) y capacidad procesal (§ 51 de la Ordenanza Procesal Civil), en el proceso penal debe hacerse una diferenciación entre *subjetividad procesal* (por ejemplo, la capacidad de intervenir activa o pasivamente en el proceso) y *capacidad procesal.*

A causa del rechazo del concepto de proceso de parte, aquí no puede acudirse, como en el proceso civil, a la capacidad para ser parte. Ver los «*Conceptos fundamentales del proceso civil*».

a) En el capítulo 3 se ha dado una ojeada a los *sujetos procesales.* Debe agregarse aquí que del lado *activo* pueden obrar como sujetos procesales el Estado (el Estado federado o la República Federal mediante sus ministerios públicos), una persona jurídica (por ejemplo, una sociedad registrada, como acusador privado, una sociedad anónima, una sociedad de responsabilidad limitada, una cooperativa) y una persona física (como acusador privado o conjunto). Para la cuestión de la subjetividad jurídica, no interesan la edad de la persona física ni su capacidad de derecho. Incluso un niño puede ser acusador privado.

También del lado *pasivo* (imputado), es irrelevante la edad de la persona física. Un proceso penal puede iniciarse incluso contra un niño (pero el procedimiento se cerrará inmediatamente). Del lado *pasivo* puede encontrarse también una persona jurídica (sobre todo en un procedimiento que está en el límite con la ley sobre infracciones al orden; ver el § 30 de esta ley). Una persona jurídica puede obrar también como tercero interviniente (interviniente en la confiscación).

b) No obstante, la *capacidad procesal* solo les corresponde a los sujetos procesales que pueden, ellos mismos, atender su cometido procesal. La capacidad procesal es el presupuesto de validez de cada acto procesal de un sujeto procesal, que no consiste en un simple acto real o en una declaración procesal de conocimiento.

Aquí se pone de manifiesto la razón por la cual algunos autores (por ejemplo, Kern-Roxin) limitan los actos procesales a las declaraciones procesales de voluntad: porque solamente en ellas la capacidad procesal juega un papel.

En el *caso «a»*, sujeto procesal en la parte activa era el Estado federado. Éste tiene siempre capacidad procesal. No importa que al ministerio público le falte. La acción fue promovida en forma eficaz. No se la debe recuperar. Una vez concluido el procedimiento penal y luego de la firmeza de la sentencia, no se puede iniciar un nuevo procedimiento. El mismo criterio rige, por lo demás, respecto de los actos procesales del juez. Incluso la sentencia de un juez enfermo mental es eficaz y puede convertirse en una sentencia firme.

Tratándose de *particulares,* debe distinguirse si se encuentran del lado activo o pasivo. Para el papel *activo* (acusador privado, acusador conjunto) se exige para la capacidad procesal, la capacidad de hecho plena según el derecho civil, conforme al § 374, párr. 3, de la Ordenanza Procesal Penal.

Del lado *pasivo,* las exigencias respecto de la capacidad procesal son menores, porque se le quiere dar incluso a quien no tiene dicha capacidad, la posibilidad de una defensa independiente con actos procesales eficaces propios. Así, según la opinión dominante, el niño tiene capacidad procesal; por ejemplo, puede solicitar el cierre del procedimiento.

Ejemplos: un niño ¿puede ser acusador privado? Sí, porque para la subjetividad procesal basta la subjetividad jurídica. ¿Puede un niño ser imputado? Sí, basta la subjetividad jurídica. Como imputado, ¿puede solicitar una prueba (por ejemplo, si tiene menos de 14 años; lo prueba la oficina del registro civil)? Sí, porque el niño también tiene capacidad procesal. Un niño ¿puede promover, como acusador privado, la acción? No, porque en el aspecto activo es necesaria, para la capacidad procesal, la capacidad de hecho. Aquí, con arreglo al § 374, párr. 3, la acusación privada la debe promover el representante legal (en nombre del niño).

c) La capacidad procesal tiene que diferenciarse netamente de la *capacidad de litigar.* Esta última solo se refiere a la capacidad de poder seguir *hic et nunc* el debate.

Ejemplos: Un acusador privado de 17 años no tiene capacidad procesal, pero la tiene si está en condiciones de seguir la marcha del debate: tiene capacidad de litigar. Un imputado mayor de edad, pero que está agotado, tiene siempre capacidad procesal, pero, según las circunstancias, no tiene la capacidad de litigar.

El procedimiento no debe continuarse contra y con personas incapaces de litigar (este principio vale

también para los jueces, el ministerio público, los testigos y los peritos). El debate se suspenderá hasta (por ejemplo, con la ayuda de un médico) que se restablezca la capacidad de litigar; ver la excepción en el § 231*a*.

Ejemplos extraídos de la jurisprudencia: las sentencias 16, 178, 19, 144, de la Corte Suprema federal. Sobre la ebriedad, ver la sentencia 23, 331, del mismo Tribunal.

3. Principios generales para los actos procesales

Aquí solo pueden indicarse los principios más importantes, debiéndose observar que no rigen sin excepciones; no son válidos para todos los actos procesales y tampoco en todas las fases del procedimiento del mismo modo.

A *todos* los actos procesales se les aplica el criterio, según el cual *no* se los debe medir con arreglo a las pautas del *derecho material,* sino tan solo con criterios *procesales.* Por ejemplo, sería un grave error aplicar, dentro del ámbito de los actos procesales penales, el derecho material civil, como la regulación de los § 119 y ss. del Código Civil, la que puede regir únicamente para el derecho civil y la valoración necesaria correspondiente a él (entre la voluntad de la parte y el interés del orden jurídico).

a) Los actos procesales necesitan con frecuencia una *forma* especial; ver, ante todo, lo que se ha dicho en el capítulo 2, n° 5, *b.* Esto vale en particular para los actos llamados portadores de los poderes procesales. Aquí, la forma tiene función de aseguramiento y de prueba; a la forma también le incumbe la tarea de posibilitar una defensa ordenada y eficaz (contra las sospechas imprecisas y generales es imposible defenderse tan bien como contra una inculpación formulada con exactitud, que también mencione los medios de prueba).

Así, encontramos la *forma escrita,* por ejemplo, en los § 158 y 200, en la interposición de los recursos en los § 314, 341 y 306, y en casi todos los actos procesales del tribunal (disposiciones, autos, sentencias). Incluso, la detención necesita, por el § 114, la forma escrita. Si falta la forma, este acto procesal será ineficaz.

Sobre la interposición de un recurso mediante un telegrama, ver el caso *b*, en el capítulo 2, nº 5.

Las declaraciones en *acta de la secretaría* están equiparadas, en muchos casos, a la forma escrita; ver los § 158, 306, 314 y 341 (en cambio, el § 345 opta por esta forma; al respecto, función de asesoramiento).

En cuanto a la mención en el acta de la renuncia al recurso en el debate, ver la sentencia 18, 257, de la Corte Suprema federal.

En los casos en que la ley asigna especial valor a la intervención y colaboración de una persona competente, está prescrita la escritura, *con la firma* de un abogado. Así, en el procedimiento para exigir la promoción de la acción pública forzosa solo puede hacerse de esta manera (manteniendo alejados a los litigantes) la gestión ante el Tribunal provincial (§ 172, párr. 3, 2), la fundamentación de la casación (§ 345, párr. 2) y el requerimiento de revisión del proceso (§ 366, párr. 2) solo pueden llevarse a cabo en acta o en esta forma escrita especial (asesoramiento de la secretaría o del abogado cuando se trata de problemas jurídicos difíciles).

En cambio, el *principio de la oralidad* domina todos los actos procesales en el debate; ver al respecto lo que se ha dicho en el capítulo 2, nº 5, *a*. Incluso el pronunciamiento de la sentencia debe efectuarse oralmente (solo se da lectura a la parte dispositiva). Aquí sería inadmisible que el defensor presente un requerimiento de prueba, fijado en forma escrita, y se resista a leerlo. El defensor tiene que presentar el pedido oralmente (tan solo de este modo el ministerio público y el público se verán obligados a enterarse del pedido).

b) Para actos procesales determinados está prescrito con frecuencia un *tiempo* y *lugar* especial. A propósito del lugar, cabe mencionar las disposiciones relativas a la jurisdicción (ver el capítulo 3, I, 1). La interposición de una instancia solo debe realizarse ante el tribunal competente material y territorialmente.

A los fines de una simplificación, es útil prescindir expresamente de requisitos especiales referentes al lugar. Así, con arreglo al § 158, una instancia por un hurto puede ser presentada tanto en Colonia como en Múnich.

Las disposiciones sobre *plazos y términos* (los § 42 y ss. de la Ordenanza contienen una regulación general de los plazos) comprenden reglas temporales de límites para los actos procesales. Para el plazo relativo a la presentación de una instancia, se debe tener en cuenta el § 77*b* del Código Penal. Todos los recursos de la Ordenanza (salvo la queja simple) están ligados a plazos (ver los § 311, 314 y 341). Los plazos de la Ordenanza son, por lo común, perentorios (no se los puede prorrogar); esto significa que la acción solo puede ser realizada en forma eficaz dentro del plazo (no obstante, en ciertos casos de vencimiento no culpable de un plazo, existe la posibilidad de la *restitución* al estado anterior, § 44 y ss.).

El *término* es el momento preciso en que un acto determinado puede o debe ser llevado a cabo. Muchos actos procesales pueden realizarse en forma eficaz únicamente «dentro del término» del debate. En caso de vencimiento, es posible tener en cuenta ciertas consecuencias jurídicas perjudiciales; por ejemplo, conforme al § 230, párr. 2, de la Ordenanza. También en caso de vencimiento del término puede producirse la restitución al estado anterior; ver, por ejemplo, el § 329, párr. 3 (y de manera expresa, porque el § 44 solo concierne a plazos, y no también a términos).

c) Esencialmente, los actos procesales solo pueden ser realizados por *sujetos procesales determinados* en estados determinados del procedimiento. La interposición de la acusación después del pronunciamiento de la sentencia, y, por cierto, por el lesionado, no es un acto procesal eficaz. En cambio, solo el lesionado puede presentar una instancia penal (prescindiendo de familiares); y solo él, quien simultáneamente es el instante, puede iniciar el procedimiento para obligar a promover la acción pública forzosamente (§ 172); solo él puede promover la acción privada (§ 374).

Por otro lado, existen algunos pocos actos procesales que cualquiera puede realizar; por ejemplo, la denuncia penal, conforme al § 158, párr. 1.

Para que cualquier sujeto procesal pueda realizar solamente los actos procesales que la ley le *asigna o* le corresponden en la fase procesal pertinente y no se eluda esta regulación, la *representación* en los actos procesales es, en principio, *inadmisible.*

En el *caso «a»*, ni el imputado ni el fiscal pueden nombrar a un apoderado general para que realice los actos procesales correspondientes a cada uno de ellos. Si el ministerio público hace intervenir su curador (porque, respecto de su enfermedad mental, es razonable), la acción promovida por él no sería eficaz.

El *juez* y el fiscal no pueden hacerse representar de ninguna manera (por personas que no son jueces, por otros jueces y por personas que no desempeñan el cargo de fiscal; respecto del ministerio público, ver los § 144 y 145 de la ley de organización judicial). El juez y el ministerio público son órganos (y no representantes) del Estado.

La representación del *imputado* es admitida tan solo en casos excepcionales. Sobre todo, las disposiciones del Código Civil no pueden aplicarse. También el representante *legal* puede actuar para el imputado, únicamente si esto se admite de manera expresa. Rige el mismo criterio para el *defensor.*

Ésta es la razón por la cual del lado pasivo las exigencias respecto de la capacidad procesal son menores (ver lo que se ha dicho en el n° 2, *b).*

La *posibilidad de la representación* solo existe cuando ésta no puede perjudicar notablemente la defensa y no se pueden esperar serios inconvenientes. Así, según el § 234, es posible una representación en el debate (¡por un defensor!). También el imputado puede hacerse representar en la audiencia de casación con arreglo al § 350, párr. 2 (él mismo no puede conseguir demasiado por no estar versado en derecho). Rige lo mismo, por el § 387, párr. 1, para la acusación privada y para el interviniente en la confiscación conforme al § 434 (si no se ordena la comparecencia personal), así como, generalmente, en el procedimiento por mandato penal (§ 411, párr. 2).

¿Qué sucede si en el debate el defensor solicita la prueba X y el imputado la prueba opuesta Y? Por principio, el acto procesal del defensor es válido *al lado* del acto procesal del imputado. Solamente en casos determinados, la voluntad de éste tiene prioridad; ver el § 297.

Es posible una mayor representación en la *parte activa privada* (porque no se trata aquí de prevenir que se eludan las disposiciones de la competencia para los órganos del Estado y tampoco de asegurar la posibilidad de la defensa). Así, la instancia penal también la puede presentar el representante legal de un menor de edad (§ 77, párr. 3, del Código Penal).

d) En principio, los actos procesales, especialmente los *actos constitutivos,* no pueden ser sometidos a condiciones. Esto vale sobre todo para los actos procesales en que se funda todo el procedimiento (actos procesales portadores de los poderes procesales; ver lo que se ha dicho en el n° 1, *a).* En ellos no se puede tolerar que, por la eliminación o la producción de la condición, se destruya el fundamento de todo el procedimiento realizado hasta ese momento.

En el *caso «a»,* la enfermedad mental del fiscal no daña el procedimiento. No obstante, si éste hubiera hecho depender la acusación de una condición, la interposición de la querella sería ineficaz. Lo mismo respecto de la sentencia judicial, como se puede comprender fácilmente: «Si el imputado fuera el autor, será condenado a...» Aquí la situación no se aclara, no se comprueba ni se realiza la situación jurídica material, sucede exactamente lo contrario.

Se presta a discusiones la sentencia 9, 150, de la Corte Suprema federal, relativa a la condición de la liberación de las costas en caso de desistimiento de la querella.

Existen *excepciones* a la incondicionalidad; por ejemplo, en caso de requerimiento de pruebas y otros actos de obtención que no constituyen la base del total procedimiento posterior.

No es posible una simple *impugnación* de actos procesales (verbigracia, con arreglo a los § 119 y ss. del Código Civil, y de esto ya nos hemos ocupado en el n° 3, antes de *a,* y las sentencias 5, 341, y 57, 83, de la Corte Suprema federal y del Tribunal del Reich, respectivamente). Una impugnación no puede resultar de una simple declaración de voluntad, sino tan solo de un acto procesal determinado y únicamente si la impugnación no está vedada (por ejemplo, en el § 210, párr. 1, de la Ordenanza Procesal Penal). La impugnación se realiza utilizando los recursos que la Ordenanza pone a disposición: queja, apelación, casación y tan solo por parte de los sujetos procesales a quienes estos recursos corresponden.

Ejemplo: el juez no dispone de la posibilidad de la impugnación si, al dictar la sentencia, se ha equivocado. No puede actuar conforme a los § 119 y ss. del Código Civil y, por otro lado, la Ordenanza no le ofrece recurso alguno. El tribunal no puede interponer apelación. No obstante, puede recomendarla a quienes participan en el proceso, facultados al respecto.

También es posible, en forma tan solo reducida, *revocar* actos procesales, especialmente los actos constitutivos. En principio, estos actos portadores de los poderes procesales son irrevocables. Admitir la revocación significaría, posteriormente, quitarle la base al procedimiento (ver también lo que se ha dicho a propósito de la incondicionalidad). Son irrevocables la denuncia, la acción pública a partir del auto de apertura del procedimiento principal, es decir, del acto procesal judicial (§ 156; no así en el caso del acusador privado, § 391), auto de apertura y sentencia.

En cambio, es revocable la interposición de un recurso (§ 302) e incluso la instancia penal en los casos previstos por la ley, § 77*d,* Cód. Penal (pero no más, una vez dictada la sentencia).

En principio, son *revocables* los actos procesales no portadores de los poderes procesales, especialmente *los de obtención,* como, por ejemplo, el requerimiento de prueba y la abstención de testimoniar; esencialmente, no obstante, tan solo en el mismo período procesal. Después, desaparece su significación y la posibilidad de la revocación (la llamada «preclusión», Goldschmidt).

Mucho se discute en los pormenores. Se expresan como en el texto, por ejemplo, Gössel, § 19, B, IV; Sauer, *Allgemeine Prozessrechtslehre* (Teoría general del proceso), § 9, II, 3, c; Zipf, IV, 1.214, y Peters, *Lehrbuch,* § 34, I. Ver también la síntesis de Siegert, *Prozesshandlung, ihr Widerruf und ihre Nachholung* (Acto procesal, su revocación y restitución), 1929.

Se pronuncian en favor de la libre revocabilidad de los actos procesales, por ejemplo, Dohna y Rosenfeld. En favor de la libre revocabilidad de los actos constitutivos, Goldschmidt, y en favor de la libre revocabilidad de casi todos los actos procesales, Siegert, ob. cit.

4. Actos procesales defectuosos

Hay que advertir, ante todo, que no se trata aquí de averiguar si los actos procesales son exactos o útiles; tampoco se trata de saber si ayudan a realizar el derecho material; solo se trata de saber si contienen, *de por sí,* errores y cómo debe juzgarse esta deficiencia.

Ejemplos: Una sentencia puede no contener errores y ser, no obstante, incorrecta (por ejemplo, por haber los testigos cometido perjurio). A la inversa, una sentencia puede concordar con la situación jurídico-material, pero ser defectuosa desde el punto de vista procesal.

a) Se debe hacer referencia a lo que se ha dicho en el nº 1, *c,* acerca de la *valoración de los actos procesales con* arreglo a la validez, eficacia (en parte, apreciabilidad), admisibilidad y fundabilidad.

También este punto es objeto de muchas discusiones. Se expresan como en el texto, sobre todo Gössel, § 19, B, III; Sauer, ob. cit., § 14; Zipf, IV, 1.231, y Peters, § 33. En forma similar, Niese, y en forma muy diferente, Beling y Goldschmidt.

Un acto procesal tiene *validez* si existe como tal. Un acto carente de validez no es, en general, un acto procesal, le faltan todas las características correspondientes.

Ejemplos: No son válidas las sentencias de un licenciado en derecho, de un consejo de guerra, la promoción de la acción pública por el mismo juez penal, etc. La incompetencia absoluta produce, por regla general, la nulidad. El paso a la categoría siguiente es fluido.

A un acto procesal le corresponde *eficacia* si está en condiciones de producir consecuencias jurídicas. Un acto procesal carente de validez es jurídicamente un *nullum y* por esta sola razón no da lugar a consecuencia jurídica alguna (la sentencia del licenciado en derecho, etc.). No es necesario suprimir esta medida, ya que en la esfera del derecho no determina movimiento alguno. Un acto procesal válido pero ineficaz es, de todos modos, un acto procesal, pero sin consecuencia jurídica. De por sí, no es necesaria una impugnación, pero *puede* llevarse a cabo, porque existe de todos modos la apariencia de un acto procesal eficaz.

Ejemplos: Si ya ha sido dictada una sentencia firme, la segunda sentencia en el mismo asunto sería válida (acto procesal, en caso de que la dicte un juez en la debida forma), pero carecería de eficacia, sería *nula.* Para suprimir la apariencia, la segunda sentencia (aunque no produzca una consecuencia jurídica) puede ser impugnada (y eliminada de manera expresa en el procedimiento sobre el recurso).

Si el acto procesal es válido y, además, *eficaz,* los actos constitutivos deben dar lugar a una reacción afirmativa si las otras categorías lo exigen y negativa si lo prohíben. Por tanto, eficacia no significa, en absoluto, que el acto procesal existe y produce la consecuencia jurídica que el autor quiso.

Un acto procesal (válido y eficaz) es *admisible* si satisface *formalmente* las exigencias de la Ordenanza Procesal Penal, o sea, si en este trozo procesal este sujeto procesal lo puede realizar en este momento y en esta forma. Esto no significa todavía que el acto procesal también dé lugar al resultado querido por quien actúa. El acto procesal es inadmisible si infringe disposiciones formales. No obstante, una decisión debe dictarse (puesto que el acto procesal es eficaz), pero ésta solo puede consistir en el rechazo por inadmisibilidad.

Ejemplos: Si la apelación fue interpuesta tardíamente o la forma (forma escrita) no fue observada (ver lo que se ha dicho en los números 3, *a* y *e*, o si fue interpuesta por un apoderado general (infracción de los § 297 y 298 de la Ordenanza Procesal Penal) (ver el n° 3, c), este acto procesal es válido y eficaz, pero inadmisible. En caso de demora (§ 319), el *iudex a quo* rechaza el recurso de apelación por ser inadmisible, sin examinar, de ninguna manera, si la apelación es fundada.

La sentencia inadmisible se revoca en la instancia de recurso, aunque sea materialmente correcta.

Un acto procesal es *fundado* (tan solo un acto constitutivo) si es válido (a saber, si existe, si es eficaz y formalmente admisible) y si *también* se justifica *en cuanto al contenido.* No es fundado si (aunque sea formalmente admisible) no puede surtir efecto por el contenido y por el anhelo de que produzca una consecuencia jurídica.

Ejemplos: Si la apelación fue interpuesta debidamente en cuanto a plazo y forma, es admisible. Es fundada (y la sentencia de primera instancia se deja sin efecto) si hace valer fundamentos que, con razón, deben conducir a la modificación de la sentencia de primera instancia. Un ofrecimiento de prueba es admisible si se lo interpone conforme al plazo y la forma (mención del tema y de los medios de prueba). Es fundado, y hay que admitirlo, si no existe ninguna de las causales de rechazo previstas en los § 244 y 245.

El ejemplo ofrecido por Peters (*Lehrbuch,* § 33, III) es excelente: si alguien que ha sido absuelto en virtud del § 20 del Código Penal interpone apelación porque aspira a la absolución sobre la base del § 32 del mismo Código, esta interposición es válida si se la puede reconocer como acto procesal. También es eficaz, dado que en el rol pasivo se ponen exigencias menores en cuanto a la capacidad procesal (ver lo que se ha dicho en el n° 2, *b).* La opinión dominante niega la admisibilidad, porque no se da el presupuesto general del recurso de queja. En consecuencia, es imposible examinar si la apelación es fundada (realmente, si ha existido legítima defensa). Si en estas absoluciones se admite, con Peters, una queja, también sería posible la apelación (cuando se ha guardado la forma y el plazo) y ahora debería examinarse si el § 32 del Código Penal ha operado, o sea, si la apelación era fundada.

b) Ya se ha dicho en el n° 3, *d,* que los *vicios de voluntad* en los actos procesales (declaraciones procesales de voluntad) no pueden ser tratados con arreglo al Código Civil. No existe ninguna impugnación de error y tan solo revocabilidad limitada (no en los actos procesales portadores de poderes procesales).

Los *errores en la declaración* (el sujeto procesal no quiere declarar) y los *errores relativos a su contenido* (yerra acerca del contenido de lo que quiso declarar) deben distinguirse de los *errores en el motivo.*

En el *error en la declaración,* no hay acto procesal (criterio discutido; la opinión dominante sustenta otro punto de vista). No es, pues, necesaria una impugnación y una revocación.

Ejemplos: El imputado le dice «sí» a su defensor. El juez cree que le ha contestado su pregunta y que ha presentado un requerimiento de prueba determinado. Con arreglo al punto de vista afirmado aquí, el requerimiento no ha sido presentado. El acto procesal es ineficaz. El juez se equivoca al pronunciar la sentencia y menciona como condenado al fiscal. Un acto procesal contra éste sería ineficaz. Haber designado erróneamente al imputado no daña y la sentencia produce efecto contra él.

En el *caso «b»,* la sentencia no está firme. La acción del imputado no constituyó una renuncia eficaz del recurso.

Se debe tener siempre presente que un acto procesal *inexacto o incompleto,* pero susceptible de aclaración y complemento, es eficaz, *falsa demonstratio non nocet.* La designación errónea de un recurso por parte del lego no perjudica (§ 300) (si se trata del ministerio público, no será fácil admitir una *falsa demonstratio;* ver lo que se ha dicho en el nº 1, *b* y *d.* Incluso si el total comportamiento puede completar la declaración (ver el anterior ejemplo de la sentencia con la designación errónea del nombre, así como también la sentencia 2, 41, de la Corte Suprema federal), es posible considerar el acto procesal como eficaz (en el sentido indicado). También debe haber amplitud de miras a propósito del § 344: es suficiente que pueda reconocerse de alguna manera hasta qué punto el recurrente pretende atacar la sentencia.

En cambio, en el *error en el contenido* existe un acto procesal eficaz y vale, precisamente, lo que se ha declarado. Es irrelevante la voluntad interna divergente (no así la equiparación del error en la declaración y el error en cuanto al contenido en el § 119, párr. 1, del Código Civil). Por ejemplo, si un ciego firma un escrito creyendo que se trata de un recurso, en tanto que contiene, en realidad, la renuncia a él, existe una declaración eficaz de renuncia (en contra, Peters, § 34, II, 3; este autor estima que el caso en cuestión es un error sobre la declaración). La seguridad en el procedimiento tiene aquí prioridad frente a los intereses del sujeto jurídico. Tampoco importa darle al error sobre el contenido una posición mejor en el derecho procesal que en el derecho civil (en éste también vale lo declarado; posibilidad tan solo de impugnación). Mejor aún es el ejemplo relativo a la cuestión de la «aceptación de la sentencia». Quien cree que con esta declaración solo manifiesta que está conforme con *esta* instancia y no espera nada mejor (en tanto que esta declaración contiene, en realidad, la renuncia a un recurso), ha renunciado a él en forma eficaz y convertido la sentencia en una sentencia firme.

Tanto más es irrelevante el *error sobre el motivo.* Vale lo que se ha declarado.

Ejemplo: Quien cree que la renuncia a un recurso es siempre revocable, o sea, que no produce una consecuencia jurídica irrevocable, comete un error con consecuencia jurídica y yerra en cuanto al motivo de su declaración. Vale la renuncia al recurso. Por cierto, aquí también puede ser de ayuda el comportamiento total, si externamente es evidente que el imputado no quiso darse por satisfecho con esta decisión del objeto del proceso.

Desde luego, la jurisprudencia ha sido útil al respecto al consentir que sea válida una declaración (por ejemplo, la renuncia a un recurso) solamente si la voluntad fue cuidadosamente realizada y llevada a cabo, recabando, verbigracia, el consejo del defensor. Ver las sentencias 18, 257, y 19, 101, de la Corte Suprema federal.

Cuando se trata de *engaño* y *amenaza*, se debe distinguir: el engaño por terceros da lugar a un error irrelevante sobre el motivo; también (pero acerca de este punto se discute; en contra, por ejemplo, Peters, § 34, II, 7) el engaño por el tribunal o el ministerio público. Los actos procesales realizados sobre la base del error son eficaces, tal como han sido declarados; parcialmente, son válidas, ciertamente, las prohibiciones de valoración probatorias (por ejemplo, el § 136a de la Ordenanza Procesal Penal). La amenaza con medios constitucionales es irrelevante. Ella es legítima. La amenaza con medios contrarios al procedimiento (por ejemplo, el § 136*a*) se tiene en cuenta en casos graves y vuelve ineficaz el acto procesal realizado.

En el *caso «c»*, importa la gravedad de la amenaza. Si se la pudo evitar, la sentencia es eficaz. No así en caso de que un cómplice estuviera sentado con un revólver debajo de la silla del juez. Acerca de la amenaza del fiscal de pedir la detención a fin de obtener la renuncia a un recurso, ver la sentencia 17, 14, de la Corte Suprema federal.

c) Una *reparación de actos procesales* (válidos pero) *nidos* (en general, los actos procesales nulos no son reparables; ver el ejemplo que se ha dado en el n° 4, *a), es* posible en medida muy limitada. Resulta excluida en los actos procesales portadores de los poderes procesales importantes (la sentencia, por ejemplo). En otros casos se puede admitir una reparación con carácter del todo excepcional (con efecto *ex tune),* si ello no produce ningún perjuicio a quienes participan en el proceso. Comúnmente, habrá de exigirse una *repetición* del acto procesal correspondiente (con efecto *ex nunc).*

Por restitución se entiende una repetición eficaz si tiene lugar en el mismo período procesal (por ejemplo, se presenta ahora correctamente un requerimiento de prueba). Estas restituciones en el mismo período del proceso (verbigracia, en el debate) son admisibles (ver también el capítulo 2 sobre el principio de la unidad del debate, en el n° 7).

En ciertos casos, puede tener lugar la *restitución* al estado anterior, conforme al § 44. Entonces, el acto procesal puede ser «repuesto», aun si el período del proceso ha concluido.

Un acto procesal (antes desatendido) (por ejemplo, un requerimiento de prueba) puede ser repuesto, incluso interponiendo un recurso.

Como un caso de *reparación* cabe entender la eficacia de la sentencia firme, la cual impide volver de nuevo a actos procesales defectuosos que han dado lugar a esta sentencia. La firmeza de la sentencia repara todos los errores procesales (siempre que estos errores no sean tan graves que, por los § 359 y ss., pueda basarse en ellos la revisión del proceso).

5. Síntesis

Los sujetos procesales mencionados en el capítulo 3 impulsan el procedimiento, mediante actos procesales, hacia el fin del proceso. Los *actos procesales* son actos jurídicos de forma especial a los cuales no pueden aplicarse las disposiciones jurídico-materiales del derecho civil. Se distingue entre declaraciones procesales de voluntad, de conocimiento, expresiones de deseo y *actos* reales. Por su significación para la estructura y el desarrollo del proceso, en actos portadores de los poderes procesales, actos de impulso y actos secundarios.

No rigen para los *actos judiciales y* no judiciales procesales los *mismos* principios. Los *actos de obtención* (del lado activo o pasivo) son los actos procesales que han de promover una decisión judicial (por ejemplo, las instancias); estos actos se contraponen a los llamados *actos constitutivos* que producen efecto directo en el procedimiento. También existen otros numerosos criterios de clasificación como acción y omisión, formación del proceso, persecución y procedimiento; acción individual y mancomunada. Algunos actos procesales también desempeñan una función fuera del procedimiento; se trata de los llamados actos procesales bifuncionales.

La subjetividad procesal debe distinguirse de la *capacidad procesal.* Ésta es presupuesto de eficacia para declaraciones procesales de voluntad (y no para las de voluntad y conocimiento y actos reales). La capacidad procesal está regulada del lado pasivo (el imputado) con mayor amplitud que en la parte activa privada (acusador privado, acusador conjunto). Debe ser distinguida rigurosamente de la *capacidad de litigar* (como capacidad efectiva para seguir el juicio y poder actuar en él).

Los actos procesales precisan con frecuencia una *forma* especial o un momento especial para la ejecución. Corresponden a los sujetos jurídicos en formas diferentes. Esencialmente, la *representación* es inadmisible (no así en la parte activa privada). Las excepciones deben examinarse exactamente desde el punto de vista de la posibilidad suficiente de defensa. Los actos procesales son rechazar, casi siempre, todo condicionamiento, solo se los puede *impugnar* mediante recursos y son revocables en medida reducida.

Todos los actos procesales deben examinarse por su validez, eficacia, admisibilidad y fundabilidad (y, precisamente, en este orden). Por lo común, los *vicios de la voluntad* no se tienen en cuenta (salvo el error sobre la declaración y la amenaza grave contraria al procedimiento: aquí también la opinión dominante está en favor de la irrelevancia).

Una *reparación* de actos procesales no eficaces solo puede realizarse mediante sentencia firme. En cambio, las restituciones y repeticiones de actos procesales no eficaces realizadas en forma eficaz son ampliamente admisibles (con efecto *ex nunc*).

II. Relación jurídica procesal

Al respecto, ver ante todo el capítulo 3, antes del n° I, y el capítulo 4, antes del *n°* I: aquí, en la relación procesal, se asientan los derechos y deberes mutuos de todos los sujetos procesales. Únicamente desde aquí se los puede concebir dogmáticamente y entender en cada situación procesal.

Caso: El ministerio público entabla por error un procedimiento penal contra *B*, aunque la instancia penal necesaria no haya sido presentada y el plazo ya haya vencido. ¿Existe una relación procesal? ¿Tiene *B* pretensiones de indemnización contra el Estado federado?

1. Estructura de la relación procesal

Ahora, que conocemos los sujetos procesales y los actos procesales que ellos llevan a cabo, es posible comprender la construcción de la relación jurídica que existe entre los sujetos que participan en el proceso durante el procedimiento y que constituye el mismo proceso.

a) A mi juicio, no es particularmente útil la discusión de si el proceso debe ser entendido sobre todo como una *relación jurídica* (Bülow, *Die Lehre von den Prozesseinreden und die Prozessvoraussetzungen* [La teoría de las excepciones procesales y los presupuestos procesales], 1888) o sobre todo como una *situación jurídica* que se modifica constantemente (como afirma Goldschmidt, *Der Prozess als Rechtslage* [El proceso como situación jurídica], 1925). El proceso es una y otra cosa. Es una relación jurídica, porque toda relación entre quienes participan del proceso no tiene forma simplemente fáctica, sino que se convierte en una relación jurídica que debe ajustarse a las normas de la Ordenanza Procesal Penal para el período procesal pertinente y está sujeta a la valoración procesal. Pero es también situación que se modifica continuamente, porque las relaciones en cada período procesal se estructuran, en virtud de cada acto procesal de un sujeto procesal, de otra manera, y el proceso, después de cada acto procesal, presenta una relación jurídica distinta de la anterior.

Naturalmente, también es posible imaginar al proceso como una manifestación *social* (como hace sobre todo Peters en su *Lehrbuch).* Desde este punto de vista, son evidentes, por cierto, el cambio permanente y la continua progresión de un grado procesal al siguiente. No obstante, esto no impide la continua conexión al examen jurídico: la correspondiente situación fáctica también es, *y* siempre, jurídica.

b) Se discute, asimismo, sobre este punto: entre cuáles *intervinientes* existe la relación procesal. Esta discusión ha sido llevada, sobre todo, por la teoría procesal civil (ver los «Conceptos fundamentales del proceso civil»). Los modelos los bosquejamos a continuación. Según Bülow y Wach, la relación procesal presenta tres aspectos. Existe entre tribunal y partes. Desde el punto de vista procesal penal, se verá así:

Tribunal

Ministerio público — Imputado

En cambio, Kohler ha expuesto la teoría de la relación jurídica procesal bilateral (sin inclusión del tribunal):

Tribunal

Ministerio público ———— Imputado

Hellwig solo admite relaciones entre tribunal e intervinientes, o sea, ninguna relación jurídica entre los intervinientes. El esquema se vería así:

Tribunal

Ministerio público Imputado

Goldschmidt ha puesto en duda cada relación procesal jurídica (ver lo que se ha dicho bajo la letra a); en forma similar lo ha hecho E. Schmidt (*Studienbuch,* n°s 30 y ss.) y también ha afirmado que una relación jurídica presupone derechos y deberes que no existen, en verdad, entre las partes del proceso entre sí o entre las partes del proceso y el tribunal. El argumento no es acertado, porque por un lado se dan relaciones jurídicas desprovistas por completo de derechos y deberes (por ejemplo, el parentesco por afinidad) y, por el otro, como se dirá en el nº 2, existen derechos y deberes perfectos entre los intervinientes (y no solo frente al Estado).

Correcto sería el modelo de relación jurídica procesal indicado en primer término (en contra, y como Hellwig, Peters en su *Lehrbuch,* § 16, I). A mi juicio, existen derechos y deberes entre todos los intervinientes, y no solo entre éstos y el tribunal. El principio acusatorio tiene el sentido, precisamente (ver el capítulo 2, nº 2), de darle al acusado un adversario desprovisto de poder de dirección. Frente al ministerio público, tiene un derecho propio para salvaguardar su integridad dentro del orden procesal. Y esto no es un simple reflejo jurídico (resultante, por ejemplo, de un derecho dirigido contra el tribunal), sino un derecho subjetivo directo frente al adversario (ministerio público, policía, acusador privado, acusador conjunto).

La aceptación de esta construcción no significa también afirmar simultáneamente el concepto del proceso de parte. La admisión de un proceso de parte se estrella contra la desigualdad de los poderes, en el sentido de que los derechos y los deberes del ministe-rio público frente al acusado y, a la inversa, de éste frente al ministerio público, están regulados en forma sumamente dispar; ver el capítulo 1, II, 1, *a.*

También es cuestionable, a mi entender, si la rela-ción procesal debe *limitarse a los intervinientes principales* o si no se deben incluir, además, los otros *sujetos procesales* (aun, verbigracia, los testigos y los peritos). Ellos también se mueven, con sus actos procesales, dentro de una relación jurídica especial de naturaleza procesal.

El esquema complementario se vería así:

c) La relación procesal (y, por consiguiente, el proceso) *comienza can* la primera sospecha de un hecho punible ante el ministerio público o la policía. Ya en este momento existen relaciones jurídicas entre el ministerio público y los empleados de la policía (que, tal vez, solo actúan en forma preventiva), así como entre uno y otros y el tribunal (posibilidad de insertar al juez con arreglo al § 162 de la Ordenanza). Es indiferente al respecto si la sospecha era fundada o no.

El imputado interviene en la relación procesal tan pronto como existe una sospecha contra una persona determinada y se realizan actos de investigación respecto de ella (en ese momento esa persona adquiere la calidad de imputado: cfr. *supra*, cap. 3, IV, 1, y VI, 1, *a)*.

Es indiferente que también existan los *presupuestos procesales;* ver el nº III. La falta de un presupuesto procesal (o la existencia de un impedimento procesal) no evita el proceso y la relación procesal, sino tan solo que se dicte una decisión.

La relación procesal *termina* con el último acto procesal del tribunal o de otro interviniente en el proceso. Solo de esta manera la protección de la Ordenanza Procesal Penal puede extenderse hasta el último acto de la realización jurídica (procedimiento ejecutivo).

En el *caso* de que se trata existe, por consiguiente, una relación jurídica procesal, y no únicamente entre el imputado y el tribunal, sino también entre el imputado y el ministerio público. En esta última relación jurídica, las lesiones al deber del ministerio público pueden dar lugar a pretensiones con arreglo al § 2 de la ley sobre la indemnización para medidas de la persecución penal y, en caso necesario, también conforme al art. 839 del Código Civil y al art. 34 de la Ley Fundamental.

2. Naturaleza jurídica y contenido

a) La relación procesal es relación jurídica de *derecho público* (ver el capítulo 1, relativo a la naturaleza jurídica del derecho procesal penal). De esto se desprende que en ella solo son eficaces los actos de derecho público. Esencialmente, los actos del derecho civil no surten efecto en el proceso (ver lo que se ha dicho en el nº I acerca de los actos procesales); y para la valoración de la relación jurídica y de los actos procesales correspondientes, las categorías de este derecho son, en general, inidóneas. Si la figura nos está permitida, diremos que del derecho material (derecho penal) y de las circunstancias fácticas (de las cuales se cree que por ellas se realiza una pretensión penal estatal), surge el objeto del proceso. En cierta medida, a éste se lo pone en el procedimiento, o sea, en el proceso penal, tiene allí una vida propia (separada de otras circunstancias y de otras normas penales) hasta —la meta del proceso— la obtención de la decisión relativa a si la sospecha era exacta (si la especie fáctica puede subsumirse en la regla jurídica).

De la naturaleza de derecho público de la relación procesal también se deducen las *facultades coercitivas* de los órganos estatales de persecución penal (si la Ordenanza se las otorga).

b) Aquí puede bastar señalar las consecuencias más importantes de dicha relación jurídica. Éste no es tan solo un receptáculo de todos los derechos y deberes de los intervinientes, regulados de manera expresa en la Ordenanza, sino también una *fuente jurídica* respecto de numerosos deberes accesorios. El más significativo de estos deberes es el de *activar el procedimiento*. El tribunal, el ministerio público y la policía no tienen únicamente un *deber* general *de reacción* (por ejemplo, respecto de querellas y otros actos de obtención); ellos están también obligados, en tanto dominan el período procesal (el ministerio público y la policía en el procedimiento de investigación [instrucción sumaria], el tribunal en el procedimiento intermedio y en el principal), a acelerar el procedimiento (ver lo que se ha dicho en el capítulo 2, nº 7, acerca de la máxima de concentración).

Ejemplos: La Ordenanza Procesal Penal no establece en ninguna parte una duración del procedimiento determinada. No obstante, se deduce de numerosas disposiciones (máxima de la concentración) y de la Convención sobre los derechos humanos que el procedimiento debe llevarse a cabo, en el interés del acusado y en el de la total administración de Justicia, con la mayor rapidez posible. Si se fijara al tribunal, sin necesidad, el plazo de un año, se infringiría el deber que le incumbe frente al imputado de activar el procedimiento, con la consecuencia de que se pretendería la indemnización con arreglo al § 839, párr. 1, del Código Civil y al art. 34 de la Ley Fundamental. No rige aquí el privilegio de los jueces del párrafo 2, dado que no se trata de una sentencia.

Ver también el caso *B* —ministerio público—. Si aquí no se admite relación jurídica alguna, no existiría para el ministerio público un deber frente al imputado, el § 839 no daría lugar a pretensiones y el § 2 de la ley sobre indemnizaciones quedará en el aire.

3. Síntesis

El *proceso* es una relación jurídica que se desarrolla y modifica desde un acto procesal a otro. Existen derechos y deberes entre todos los intervinientes, especialmente entre el tribunal y la parte activa y pasiva y entre el ministerio público y el imputado.

La relación jurídica tiene naturaleza de derecho público. El contenido cambia según la situación procesal. La relación procesal comienza con el primer acto procesal de quien interviene en el procedimiento y termina con el último acto. No solamente tienen su sitio en la relación procesal los derechos y deberes mencionados de manera expresa en la Ordenanza Procesal Penal. Esto representa, al mismo tiempo, la fuente respecto de una serie de *deberes accesorios*. El deber más importante de esta especie es el que los organismos estatales de persecución penal (entendida también como subcaso del deber de impartir justicia) activen el procedimiento. La lesión de este deber, existente frente al imputado y la de otros deberes de cuidado, puede dar lugar a pretensiones de indemnización, según el § 839 del Código Civil y el art. 34 de la Ley Fundamental (o el nuevo derecho de responsabilidad del Estado).

III. PRESUPUESTOS PROCESALES

Caso: El tribunal advierte, en la audiencia del debate, de la contestación sorpresiva del imputado que él ya fue condenado anteriormente, existiendo una sentencia firme sobre el mismo objeto del proceso. ¿Qué hace el tribunal? ¿Debe decidir otra vez del mismo modo? ¿Absolver? Tampoco se dictó el auto de apertura del procedimiento principal. ¿Puede ser repuesto?

1. Los presupuestos procesales

a) El concepto de presupuesto procesal es, propiamente, errado. Lo que se entiende por lo común por presupuesto procesal, no es el presupuesto para la iniciación de un proceso (para que surja una relación procesal, ver el n° II, 1, c), sino tan solo el presupuesto de una decisión material (y no simplemente formal) acerca del objeto del proceso. Al faltar un presupuesto procesal, el juez debe dictar una decisión de rechazo.

También el concepto de presupuesto procesal proviene de Bülow que, por cierto, lo había considerado como presupuesto del origen de una relación procesal (ver el n° II, 1, *c*). V. Kries desarrolló y aclaró en detalle el concepto de presupuesto procesal en el proceso penal.

Todos los presupuestos procesales (mejor dicho, los presupuestos de la decisión sobre el fondo) deben considerarse en el proceso penal de oficio. Esto se relaciona con el principio de oficialidad (ver lo que se ha dicho en el capítulo 2, 2) y también con el hecho de que no existe una disposición de las partes como en el derecho procesal civil (una mejor aproximación sobre el desarrollo autónomo de la cuestión en el proceso civil y en el penal, en Hilde Kaufmann, *Strafanspruch-Strafklagerecht* [Pretensión penal - derecho de acción penal], 1968).

En cambio, en el proceso civil se distingue entre presupuestos procesales (excepciones procesales) que deben considerarse de oficio y simples impedimentos procesales que son relevantes únicamente en caso de objeción. Ver los «Conceptos fundamentales del proceso civil», III, 1.

En el proceso penal, el concepto de impedimento procesal es tan solo el concepto invertido de presupuesto procesal. Si éste falta, se da un impedimento procesal.

Me parece muy razonable la terminología empleada por Sauer (en *Grundlagen des Prozessrechts*, 2ª ed., 1929) que distingue entre presupuestos procesales, en el sentido de la opinión dominante, de los que llama presupuestos de persecución, presupuestos del procedimiento y, por último, presupuestos de la formación del proceso.

b) Los *presupuestos procesales* (en el sentido de presupuestos de persecución) (no siendo necesario estudiar problemas discutidos) *son:*

La *instancia penal* en los llamados delitos perseguibles por instancia. Si ésta falta, se cerrará el procedimiento (en el debate, con sentencia de clausura). Esto vale incluso para la instancia de casación (si el tribunal de casación nota este error jurídico).

La *prescripción,* la *amnistía* y el *indulto* (= anulación en el caso particular). Como se sabe, la naturaleza jurídica de la prescripción es objeto de discusiones. A mi juicio, tiene una doble naturaleza, o sea, también es impedimento procesal, con la consecuencia de que el procedimiento debe cerrarse.

Litispendencia y cosa juzgada. Si un procedimiento sobre el mismo objeto procesal pende en otro sitio, se está frente a un impedimento procesal para la iniciación de un nuevo procedimiento (sobre el principio de prevención, ver lo que se ha dicho en el capítulo 3, I, 1, *d*). También la cosa juzgada constituye, para un procedimiento sobre el mismo objeto procesal, un impedimento procesal. En ambos casos, se cerrará el procedimiento.

En el caso de que se trata, debe dictarse una sentencia de cierre. Una decisión sobre el mismo objeto procesal es inadmisible. Si se la dictara (por ejemplo, en el sentido de una decisión igual), la segunda sentencia sería nula (ver el nº I. 4, *a,* a propósito de la eficacia de los actos procesales).

Dependencia de la decisión sobre el fondo del asunto de la decisión en otro procedimiento. Según el § *154e,* no se llevará a cabo el procedimiento sobre falsa imputación e injuria hasta que se resuelva acerca de la cuestión previa en el proceso previo. Mientras tanto, el procedimiento penal se cerrará.

La *inmunidad* es tan solo un impedimento procesal (temporario). Con arreglo al art. 46 de la Ley Fundamental, el procedimiento se cierra. Las cuestiones discutidas relativas a la indemnidad, que también es o es únicamente una causa personal de exclusión de la pena, no pueden ser tratadas aquí. Ver lo que se dice al respecto en mi *Tratado,* § 6, I, *2, b.* La *subjetividad procesal y* la *capacidad procesal* son presupuestos procesales. Por ejemplo, si le falta al acusador privado la capacidad procesal (ver lo que se ha dicho en el nº I, *2, b),* el procedimiento se cerrará. Lo mismo, en caso de que se acuse a una asociación desprovista de capacidad jurídica.

Mucho se discute acerca del efecto jurídico de la *edad infantil.* La mayoría de edad penal es, ciertamente, presupuesto de culpabilidad, o sea, es relevante desde el punto de vista jurídico-material (§ 19 del Código Penal). Sin embargo, aquí también se debe admitir la doble naturaleza. Incluso la posibilidad del cierre del procedimiento (§ 47, párr. 1, n° 3, de la ley sobre los tribunales para menores) no puede ser interpretada de otra manera (el § 25, II, 1, de mi *Tratado* se ocupa en detalle de estas cuestiones). En consecuencia, si se acusa por error a un niño de doce años, no se absolverá, sino que se cerrará el procedimiento.

Si se da una manifestación procesal, así como jurídico-material, se considerará en primer término el aspecto procesal. En caso de que exista aquí un impedimento procesal, la decisión jurídico-material sobre el fondo del asunto no se llevaría a cabo. Impide su consideración la inexistencia del presupuesto de la sentencia de fondo.

Por último, también cabe mencionar la admisibilidad *de la vía jurídica y* la *competencia* (sentencias 10, 323, y 18, 81, de la Corte Suprema federal). Mucho se discute al respecto: por ejemplo, si la competencia no es solamente un presupuesto procesal (especialmente para un procedimiento concreto). Lo mismo, respecto de la *querella y* del *auto de apertura* (porque, si faltan, se debe cerrar el procedimiento); con frecuencia, se designa a una y otro como presupuestos procesales. Aquí también rige el criterio de que estos presupuestos tienen más significación para un *período* procesal determinado (que se basa en ellos) —y no, en general, para la decisión sobre el fondo del asunto en un procedimiento—. Ocasionalmente, también se nombra, como impedimento procesal, la *exención* (es correcto en el sentido de que debe llevarse a cabo el cierre del procedimiento).

2. Presupuestos procesales y presupuestos de la formación del proceso

a) Si se sigue la clasificación de Sauer (nº 1, *a), presupuestos procesales* son los presupuestos que existen para distintos períodos procesales (y no para el proceso total y una decisión sobre el fondo). Si faltan, no tendrá siempre lugar la clausura, sino, en primer término, el «remedio». Si éste no es posible, el procedimiento se cerrará. A veces, también es posible una reparación de la falta.

Aquí se debe mencionar muy especialmente el importante acto procesal de la *promoción de la acción* (§ 170, párr. 1). En ella se funda el procedimiento intermedio *y*, así, también el procedimiento principal posterior. Si la promoción de la acción falta, estos períodos procesales quedan en el aire. El procedimiento se cerrará (ver la sentencia 76, 403, del Tribunal del Reich), salvo que sea aún posible una reposición en el mismo período procesal.

Algunos autores (como particularmente Gössel) (§ 16, D, I), Peters (*Lehrbuch,* § 35, I, 2) y Zipf (IV, 1, 32) estiman que la acción es también un presupuesto procesal; ver lo que se ha dicho *supra,* en el nº 1, *b.* Pero hay que objetar al respecto que el procedimiento de investigación (instrucción sumaria) se pone en movimiento y se realiza completamente sin la acción. Por cierto, esto podría ser explicado nuevamente: sin embargo, me parece mejor la clasificación de Sauer que concibe a la acción tan solo como presupuesto de la continuación del procedimiento en otro período.

Otro tanto se puede decir del *auto de apertura.* Constituye el fundamento del procedimiento principal. Si falta, debe reponerse. Si esto no es posible (la falta se advierte solamente en el debate), se debe dictar una sentencia de cierre (en este sentido ya se había pronunciado el Tribunal del Reich en la sentencia 24, 64). La multa es presupuesto procesal para la revisión judicial con arreglo a los § 67 y ss. de la ley sobre infracciones al orden (ver las sentencias 23, 280 y 336, de la Corte Suprema federal).

La *interposición de un recurso* es presupuesto procesal para el total procedimiento de recurso. Si este presupuesto falta, el recurso deberá ser rechazado por inadmisible (cfr. *supra,* nº I, 4, *a)* en cuanto a la competencia. Ocasionalmente, a este presupuesto procesal también se lo llama «presupuesto procesal espe**ciar** (para la instancia de recurso).

La *competencia* material y la territorial son objeto de especiales discusiones respecto de su clasificación. Como ya se ha dicho, la Corte Suprema federal trata la competencia material como presupuesto procesal general. Esto se puede poner en duda. Ambas competencias solo son presupuesto para *este* procedimiento ante *este* tribunal (de ahí que Sauer hable de simples presupuestos procesales). Además, un error sobre la competencia no da lugar al cierre, sino, comúnmente, a la remisión al tribunal competente; § 209 y 270 de la Ordenanza. El § 269 excluye la apelación a la competencia de un tribunal *inferior,* o sea, deja la competencia al tribunal materialmente incompetente. Respecto de la competencia territorial, vale el criterio de que el acusado no puede invocarla ilimitadamente (§ 16), que el tribunal solo puede tenerla en cuenta a partir del auto de apertura por objeción (aproximación a la excepción del derecho procesal civil) y que, conforme a los § 20 y 21, pueden y deben realizarse actos procesales eficaces.

A diferencia de la capacidad procesal (presupuesto procesal) la *capacidad para litigar* es presupuesto procesal. Su falta no da lugar al cierre, en todo caso, al cierre provisional. La demora dura hasta que se restablezca dicha capacidad del sujeto procesal.

También se mencionan como presupuestos procesales (a mi juicio, con excesiva amplitud) las disposiciones sobre la presencia del acusado, la publicidad y oralidad, el principio del derecho a ser oído, la defensa suficiente, la composición del tribunal, a saber, una cantidad de disposiciones procesales generales. A mi entender, se extiende así considerablemente el concepto de presupuesto procesal.

En el *caso* de que se trata, el auto de apertura, también independientemente de la cuestión del asunto decidido con sentencia firme, no es reponible. El procedimiento deberá cerrarse.

b) Presupuesto de la formación del proceso son los requisitos especiales existentes para los distintos actos procesales, sobre todo del tribunal. Nada tienen que ver con la cuestión de la perseguibilidad (la posibilidad de dictar, en general, una decisión sobre el fondo del asunto), ni tampoco con la que se refiere a la base del procedimiento.

Se los puede concebir como *todos* los presupuestos para ordenar actos procesales determinados. No obstante, se acostumbra reunir bajo este concepto tan solo presupuestos especiales y, precisamente, aquellos que conciernen a la convicción judicial acerca de la posibilidad de una decisión definitiva sobre el caso.

En este sentido, son presupuestos de la formación del proceso la «sospecha suficiente» para la apertura del procedimiento principal con arreglo al § 203, la «sospecha vehemente» al dictar una orden de detención conforme al § 112 y especialmente la convicción judicial acerca de la autoría del acusado al dictar la sentencia.

3. Síntesis

Se llama presupuestos procesales (expresión que puede dar lugar a interpretaciones erróneas) a los presupuestos para que se pueda dictar en el proceso una decisión sobre el fondo del asunto. El proceso y, así, la relación procesal, comienza incluso si existe un impedimento procesal, o sea, si falta un presupuesto procesal.

Si existe un impedimento procesal (y ninguna posibilidad para eliminarlo, por ejemplo, mediante la presentación de la instancia penal), el procedimiento se cerrará (en el debate con sentencia de clausura).

Comúnmente, se menciona como presupuestos procesales la instancia penal en los delitos dependientes de instancia, la prescripción, la litispendencia y la cosa juzgada, la inmunidad y la capacidad procesal. Todo lo demás es objeto de muchas discusiones (la menor edad, si la indemnidad también presenta un aspecto procesal, la extraterritorialidad y la competencia).

De los presupuestos sobre la sentencia de fondo deben diferenciarse los *presupuestos* para la realización de un *período* procesal determinado; por ejemplo, la interposición de la acción, el auto de apertura, la interposición de un recurso. Aquí hay que cuidar, en primer término, el «remedio». Solamente si esto no es posible, se cerrará el procedimiento (o el rechazo por inadmisibilidad). Es objeto de discusiones la clasificación de la competencia territorial y material.

Por presupuestos de la formación del proceso se entienden presupuestos determinados de un acto procesal que conciernen a la convicción judicial de que existe la autoría (sospecha suficiente, sospecha vehemente, convicción).

CAPÍTULO 5

OBJETO DEL PROCESO

Ya nos hemos referido, en el capítulo 1, al objeto del proceso: el objeto del proceso es impulsado por los actos procesales de los sujetos procesales hacia la meta del proceso, la decisión de fondo acerca del objeto del proceso. También debe remitirse a los comentarios, contenidos en el capítulo 4, sobre actos procesales y relación procesal (en cuanto a los presupuestos procesales, ver lo que se ha dicho a propósito de litispendencia y cosa juzgada). Aquí se deben agregar algunas consideraciones esenciales, pero en este capítulo es solo posible examinar, aunque más no sea en forma aproximada, las cuestiones debatidas acerca del objeto del proceso.

Casos:

a) En una fiesta de San Silvestre, se infieren lesiones corporales graves y se injuria. En el debate, resulta que también habría que castigar por daño. ¿Consta esto en la acusación? ¿Es necesaria otra acusación?

b) ¿Qué ocurriría si se lo condenara al autor con sentencia firme únicamente a título de lesión corporal grave? ¿Es posible entablar otro procedimiento penal por las injurias y el daño?

c) El imputado es condenado por ruidos que perturban la tranquilidad (sobre la base de la ley sobre infracciones al orden). Después de quedar firme la sentencia, resulta que el tiro disparado por él durante el hecho había matado a X. Se tiene en cuenta los § 211 y ss. o el § 222 del Código Penal. Por esta circunstancia, ¿puede entablarse otro procedimiento?

d) Se condena al acusado sobre la base de los § 218 a 223. Luego resulta que el niño había nacido vivo y con capacidad para vivir y que fue matado después (= caso *b,* en el capítulo 2, n° 2). ¿Es posible otro procedimiento contra el acusado?

I. Concepto del objeto del proceso

1. Generalidades

La dogmática del derecho procesal penal sobre el objeto del proceso se ha desarrollado en forma completamente independiente, sin utilizar mucho la dogmática del proceso civil sobre el mismo objeto. Esto me parece extremadamente criticable, porque el problema del objeto del procedimiento u objeto del litigio (concepto este último, sobre todo, corriente en el proceso civil que tendría que ser similar en las distintas formas procesales). Las divergencias deberían fundamentarse sobre la base de la especial naturaleza del correspondiente derecho a realizar.

Mientras en la dogmática procesal civil (ver las monografías de Schwab, Habscheid y W. Henckel) las discusiones se han intensificado, en la dogmática procesal penal se han estancado. Esto puede depender de la circunstancia de que para el proceso penal la ley define el objeto del proceso, precisamente, en los § 155 y 264 de la Ordenanza Procesal Penal. Según ello, objeto del proceso es *«el hecho»*. Esto me parece plausible y las cuestiones giran alrededor de la cuestión: hasta dónde ha de circunscribirse el concepto de hecho.

En el proceso civil se define el objeto del proceso o del litigio, en forma persuasiva, como la afirmación de la consecuencia jurídica de una determinada situación. A partir de la monografía de Schwab y de la sexta edición del *Tratado* de Rosenberg, se discute si objeto del proceso no es *solamente* la afirmación jurídica o el anhelo de realización jurídica determinado en la demanda (sin que la situación de hecho expuesta para fundamentarla desempeñe un papel esencial).

La opinión dominante no ha seguido esta tesis. Se ha atenido al criterio de que la demanda y la situación de hecho expuesta para la fundamentación determinan el objeto del proceso. Ver al respecto los «Conceptos fundamentales del proceso civil», lug. cit.

Si la teoría procesal civil no hubiera descuidado mirar el proceso penal, no se habría llegado a este litigio. Para el proceso penal, los § 155 y 264 aclaran en forma inequívoca que el hecho (= acontecimiento de la vida o situación de hecho) pertenece, de todos modos, a la determinación del objeto del proceso.

Por otro lado, quien estudia el derecho procesal penal debe pensar que en el proceso penal la querella, el anhelo de obtener una consecuencia jurídica, no ha de jugar papel alguno. No es tan solo una situación de hecho que en el proceso se trata *de cualquier manera* (por ejemplo, desde el punto de vista del derecho civil, administrativo, policial, etc.). Se lo tratará con arreglo a las pautas del derecho penal material. En el proceso penal se trata (ver el capítulo 1) de realizar la *pretensión penal estatal.* ¿No debería pertenecer la afirmación general de la consecuencia jurídica (según la cual la pena o, por lo menos, la multa, según la ley de infracciones al orden [pero no, verbigracia, un acto administrativo] es la consecuencia jurídica) al objeto penal-procesal del proceso? La opinión dominante hace caso omiso del hecho de que la misma situación puede producir consecuencias jurídicas en extremo diferentes. La estafa de un socio como situación de hecho, concreta, puede ser tratada en el aspecto penal (consecuencia jurídica la pena) o civil (consecuencia jurídica la exclusión de este socio con acción judicial conforme al § 140 del Código de Comercio). Un delito sexual puede producir consecuencias jurídicas en el proceso penal (consecuencia jurídica la pena) y también en el civil (por ejemplo, una demanda de divorcio) o en el procedimiento contencioso-administrativo (por ejemplo, como perturbación del orden público). Al introducir en el proceso penal esta situación, se aspira a una consecuencia jurídica determinada. En el «proceso penal» se trata no solamente de los hechos, sino también de esta consecuencia jurídica.

La exposición de mi punto de vista, fundamentado en detalle, figura en la «Zeitschrift für Zivilprozess», 1956, 356.

2. Concepto

A mi juicio, objeto del proceso es, por consiguiente, la afirmación de la consecuencia penal (existencia de una pretensión penal estatal) de una situación de hecho determinada (del hecho en el sentido de los § 155 y 264).

Una conexión como ésta del concepto penal-procesal del objeto con el concepto civil-procesal del objeto del litigio, tiene gran significación para la *unificación* del derecho procesal. En cada procedimiento judicial se trata de apreciar jurídicamente una situación de hecho determinada mediante sentencia judicial, de una máxima jurídica que ha de recaer sobre la base de hechos determinados. Pero esta identidad funcional del procedimiento judicial también posibilita que aparezca como viable una identidad estructural del concepto del objeto del proceso no solo en el aspecto dogmático, sino también que sea deseable desde el punto de vista político-jurídico.

a) La *situación de hecho concreta* se debe determinar sobre la base del *concepto procesal del hecho.* Éste es mucho más amplio que el concepto jurídico-material y no depende de él. Por tanto, los principios del derecho material sobre unidad y pluralidad de hechos carecen, para llenar el concepto procesal del hecho, de significación (ver las sentencias de la Corte Suprema federal 13, 21 y 25; 23, 141 y 145; 24, 185 y 187). Cabe decir, de todos modos, que cuando existe concurso ideal siempre existe una situación imitaría. Pero también en el concurso real puede haber unidad del concepto procesal del hecho, de la situación de hecho concreta.

Se define como situación unitaria de hecho concreta todo lo que forma, según la consideración natural, un suceso unitario, un *complejo.*

En la sentencia fundamental 23, 141 y 145, la Corte Suprema federal ha dado una definición del concepto penal-procesal del hecho. Según ella, el concepto de «hecho», en el sentido de los § 155 y 264 de la Ordenanza Procesal Penal, indica:

> «el suceso referido en el auto de apertura, incluyendo todos los sucesos y las circunstancias de hecho conexas y relativas a ellos, que son idóneos para tornar factible la obra del acusado como punible, desde algún punto de vista jurídico, en ese ámbito...».
>
> En consecuencia señala:
>
> «el comportamiento total del acusado, en cuanto conforma un suceso unitario, según la concepción de la vida, con el hecho histórico descrito en el auto de apertura...
>
> y, precisamente,
>
> «sin tener en cuenta si en la apreciación jurídica se infieren una o varias acciones punibles en lugar o al lado del hecho punible indicado en el auto de apertura».

Para la apreciación procesal carece de importancia, en el caso *a,* establecer si las lesiones corporales y los insultos se encuentran en concurso ideal o real. Un «hecho» en el sentido del § 155 de la Ordenanza Procesal Penal, es el total complejo fiesta de San Silvestre. Todos los hechos punibles cometidos en esa oportunidad forman parte de una sola acusación y de una sola sentencia: representan un objeto del proceso, que no puede desmembrarse.

Ejemplos extraídos de la jurisprudencia: § 138 del Código Penal y participación, sentencia 21, 78, del Tribunal del Reich; varias declaraciones juradas en un litigio jurídico, sentencia 72, 339, del mismo Tribunal; «Verletzen» y el § 330c del Código Penal, sentencia 16, 200, de la Corte Suprema federal. En genera], se ocupan de los problemas que se presentan en este contexto en la acción *continuada* las sentencias 6, 122, y 15, 268, de la Corte Suprema federal; ver también lo que se ha dicho en el n° II, 3, *b*.

En detalle, mucho se discute, por supuesto. Muy lejos, al trazar el límite del complejo fáctico, va Peters en su *Lehrbuch*, § 36, II, 49, II, 5, *b* (incluso en el concurso ideal ya traza límites muy amplios; ver la monografía de este autor *Einheitsstrafe bei Verbrechensmehrheit* [Pena unitaria en caso de pluralidad de delitos] en el Homenaje a Kohlrausch, 1944). Hay que aprobar su opinión. Lo que de alguna manera se presenta, para la concepción natural, como un suceso unitario de la vida, no debe separarse en el tratamiento procesal. También para la *graduación de la pena* es importante trazar los límites del suceso unitario de la vida con la mayor amplitud posible. Si no se hace, se obtienen fragmentos cuyos nexos ya no se comprenderán y que, por ello, no posibilitan una graduación de la pena justa que corresponde a cada parte separada.

Es interesante el nexo con el derecho penal de autor. Aquí también se trata de comprender mejor el hecho punible y sus causas desde el punto de vista del autor. Si se extraen puntualmente tan solo actos por completo determinados, sería imposible obtener un cuadro total acerca del autor de estos actos. Aquí se pone de manifiesto en qué medida las concepciones de derecho material dependan, en su realización, de la circunstancia de que el derecho procesal sea estructurado e interpretado correspondientemente.

A propósito de las dificultades existentes al deslindar el concepto de hecho, ver lo que se dice en la letra *b* y en el n° II, 3.

b) Considerados en forma aislada, el hecho o la situación de hecho concreta no pueden ser objeto del proceso. A mi entender, hay que añadir la afirmación de la consecuencia jurídica, en este caso la afirmación de una *pretensión penal estatal*; ver lo que se dice al respecto en el n° 1. A nadie se le ocurriría decir que acostarse o toser son objeto del proceso. Únicamente si esto puede dar lugar a alguna consecuencia penal (por ejemplo, la omisión, al acostarse, de la posición de la aguja del ferrocarril o de la alimentación del niño de pecho), o sea, si fuera posible aplicar el derecho penal material, esta situación podría convertirse en el posible objeto procesal de un procedimiento.

Se trata, pues, de *relacionar* la situación de hecho concreta y el derecho penal. Y también debería ser claro afirmar que es tarea del proceso penal efectuar estas subsunciones o rechazarlas (sentencia penal o absolución). Empero, si ésta es la tarea que le incumbe al proceso penal, también debe pertenecer al objeto del proceso la afirmación de la consecuencia penal.

Una construcción como ésta también podría ser útil en los casos en que la opinión se esfuerza, muy laboriosamente, en negar la identidad del hecho.

En el *caso «c»*, el Tribunal había notado que si existe una condena por haberse disparado en un lugar prohibido (y esto era punible hasta el 3/12/1974 según el § 367, párr. 1, n° 8, o el § 368, n° 7, del Código Penal, ver en la actualidad los § 117 y

118 de la ley sobre infracciones al orden) y después se presenta un asesinato, se está frente al mismo objeto del proceso. Una acusación posterior a título de asesinato sería, en consecuencia, inadmisible (identidad del hecho y efecto de bloqueo de la sentencia firme), sentencia 70, 26, 30, del Tribunal del Reich. Este caso está tratado en la literatura casi siempre. Preponderantemente se trata de negar la identidad del hecho, es decir, de la situación de hecho concreta. Pero, ¿puede interesar todo lo que el juez ha aclarado o pudo aclarar?

La jurisprudencia de nuestros más altos tribunales, así como una parte de la literatura, estiman que el concepto de «hecho» en el sentido de los § 155 y 264 de la Ordenanza Procesal Penal abarca siempre el complejo total con todos los componentes fácticos existentes. Por tanto, no es decisivo lo que el juez *ha* aclarado, sino lo que habría *podido* aclarar en forma jurídicamente admisible (ver, por ejemplo, Schäfer en Löwe-Rosenberg, introducción al capítulo 12, nota marginal 63). Este criterio abstracto-hipotético no tiene en cuenta si estaban a disposición del juez la correspondiente cantidad de medios de pruebas, o bien, los que él, según el curso del debate, hubiera considerado necesarios para aclarar la situación fáctica aun desde otro punto de vista. Los representantes de esta teoría intentan, por cierto, evitar resultados intolerables, como en el ejemplo que se acaba de mencionar de la sentencia 70, 26, 30, del Tribunal del Reich, admitiendo una llamada «demanda rectificadora» (ver, por ejemplo, Achenbach, «Zeitschrift für die gesamte Strafrechtwissenschaft», 87 (1975) 74 (77 y ss.).

Mucho más persuasivo que la creación de institutos jurídicos nuevos *extra legem*, es, en cambio, un camino que sigue otra parte de la literatura, a saber, una interpretación restrictiva del concepto penal-procesal del hecho (como la sustenta, por ejemplo, Henkel, *Lehrbuch*, p. 388). Según esta opinión, pertenece al «hecho» en sentido penal-procesal, y así también al complejo de la situación, tan solo aquello que el juez, al cumplir con su deber de esclarecimiento (§ 244, párr. 2), pudo averiguar *concretamente*. Pueden ser éstos más hechos que los que realmente ha aclarado; sin embargo, si el juez, sin infringir su deber de cognición y esclarecimiento, no ha aclarado determinados complejos, estos hechos no pertenecen, en contra de la opinión dominante, al objeto del proceso. Naturalmente, ésta tampoco es una receta patentada, porque esta opinión tiene la debilidad de que un testigo que miente en forma particularmente refinada (a quien el tribunal debería creer sin infringir el § 244, párr. 2, y los principios generales de una valoración sensata de la prueba) determina el alcance del objeto del proceso.

Si se sigue la tesis sostenida aquí, es posible negar, en casos de *crasas* diferencias en la valoración jurídica, la identidad del objeto del proceso. La afirmación de la consecuencia penal consistente en la pena privativa de libertad perpetua (en el asesinato) no es lo mismo que sostener la aplicación de una pena contravencional (hasta el 1/1/1974), por ejemplo, una enmienda (vendría al caso esta situación: *B* dispara en el bosque a la hora 10.10 con este revólver en esta dirección; forma parte de la situación, pero no se sabe, que O se hallaba en la dirección del disparo). Todos los intentos de eliminar la posibilidad de esclarecimiento del juez dan como resultado no solo otras discusiones, sino también mayor inseguridad jurídica, mayor, de todos modos, que en el rechazo de la identidad por afirmación llamativamente diferente de la consecuencia jurídica. Además, es evidente que una instancia *determinada y* una afirmación determinada de la consecuencia jurídica no podrían ser formuladas. Es, precisamente, asunto que le incumbe al tribunal concretar la consecuencia jurídica dentro del marco penal legal. La instancia y la afirmación de la consecuencia jurídica no pueden ser tan *concretas* como en el proceso civil. Pero también en el proceso penal se afirma y pide (piénsese en los informes finales) ¡y *divergencias sumamente llamativas* (se pide prisión perpetua y se pide multa de cinco días-multa) ya podrían indicar otro objeto del proceso!

Lo que perturba respecto del tratamiento del *caso* «c» es la consecuencia jurídica excesivamente reducida que sigue a la valoración del hecho, conocido tan solo en parte. Si los ruidos que perturban la tranquilidad, tal vez porque se agregan otros delitos y se los conoce como tales, son castigados con pena privativa de libertad de larga duración, se podría aprobar el efecto de bloqueo de esta decisión. ¡Lo que, por tanto, perturba, es la consecuencia jurídica llamativamente divergente!

c) Solamente para lograr claridad se debe señalar que no interesa la consecuencia penal o la del derecho penal, sino, únicamente, su *afirmación*. Exactamente como en el litigio procesal civil, solo pertenece al objeto del litigio la *afirmación* de una consecuencia jurídica (expuesta en el requerimiento) o, según se dice a menudo, el *anhelo* de obtener consecuencias jurídicas (y en esto también está expresada la voluntad de lograr una decisión judicial), también en el proceso penal solo importan la afirmación de un hecho punible y el anhelo de que se realice la pretensión penal estatal. Esto se comprende fácilmente, porque, si perteneciera al objeto del proceso la circunstancia de que la situación realmente da lugar a una consecuencia penal, un proceso que termina con una absolución, no habría tenido ningún objeto.

3. Identidad del objeto del proceso

a) Hay identidad del objeto del proceso si se afirma la consecuencia penal de una situación de hecho determinada para la misma persona.

Ejemplos: Con sentencia firme se condena a *A* por hurto contra *O*, el 11 de noviembre en *X*, pero después resulta que quien ha cometido el hurto fue B, así que se puede presentar la acusación contra éste. El objeto del proceso no es el mismo, por cuanto la afirmación de la consecuencia penal se dirige contra otra persona (ver también el texto del § 155: «y a las personas imputadas al promoverse la acción»). La sentencia firme contra *A* no impide un procedimiento contra *B*. El procedimiento contra *A*, según el § 359 de la Ordenanza Procesal Penal, debe revisarse. En este procedimiento, A será absuelto.

Si en el *caso «b»* los autores *A y B* fueron condenados, no podrá llevarse a cabo, por las injurias y los daños en las cosas, una nueva acusación. Se trata de la misma situación de hecho. Pero, si resulta que también C fue coautor, es posible presentar la acusación y, precisamente, por todos los hechos punibles cometidos. La sentencia contra A y B no impide un procedimiento contra *C*.

b) Se discute si el objeto del proceso es el mismo en todas las fases del procedimiento (según afirma sobre todo Oehler, *Festschrift für Rosenfeld*, 1949) o si está sujeto a *modificaciones*. Según la opinión dominante, esto último no viene al caso. No obstante, es muy convincente la opinión de Peters (*Lehrhuch*, § 36, I y II) que toma como punto de partida una paulatina modificación y *restricción* del objeto del proceso.

En el *comienzo* del procedimiento, el objeto del proceso está lejos e informe, y en el curso del procedimiento se realiza una creciente restricción. Esta tesis adquiere significación, sobre todo respecto de la cuestión sobre el efecto de bloqueo de la decisión firme (que Peters restringe, *Lehrbuch*, § 53, II, 3, *h*).

Ejemplos. Si el objeto del proceso en el comienzo del procedimiento está aún muy lejos, se podría admitir identidad entre sucesos muy distantes entre sí, tal vez incluso en el *caso «c»*, con la consecuencia de que para la cuestión de la litispendencia existiría un bloqueo muy amplio contra dos procedimientos. Si el objeto del proceso es más reducido en la sentencia, podría faltar identidad en los mismos casos, con la consecuencia de que un nuevo procedimiento sería posible.

Incluso entre los *casos «a» y «b»* existiría entonces la posibilidad de una diferenciación. En el comienzo del procedimiento y también en el debate, existiría un objeto del proceso (esto es, en el *caso «a»*, no sería necesaria una nueva acusación, los daños en las cosas quedarían comprendidos en la acusación) y en la sentencia sería más reducido el objeto del proceso; aquí hechos punibles en concurso real podrían formar un nuevo objeto del proceso (*y* así será posible una nueva acusación).

En lo que respecta al *caso «d»*, ver la sentencia 13, 21, de la Corte Suprema federal. A mi juicio, cabe admitir, en contra de esta decisión, el bloqueo de la sentencia firme. Y mucho más se debe admitir identidad del objeto del proceso para la cuestión de la litispendencia: un nuevo procedimiento no es necesario.

Estas consideraciones son suficientes para comprender el peligro del bloqueo de la sentencia firme y los intentos para reducir aquí el objeto del proceso. Por otro lado, el hecho de que no se deba trazar en forma excesivamente reducida el efecto del bloqueo se debe a que no se quiere exponer al condenado o a quien ha sido absuelto, otra vez, a nuevos procedimientos (es demasiado limitada, por ejemplo, la sentencia 13, 21, de la Corte Suprema federal).

Si en el *caso «b»* fuera posible promover una nueva acusación a título de injuria, *A* ya no se salvaría más del procedimiento penal. Si tuviera detrás de sí también este procedimiento y después otro por coacción o amenaza y luego otro procedimiento por daño de cosas, y bastará, en cuanto al resultado, una sola fiesta de San Silvestre para llenar a *A* con procedimientos penales por el resto de su vida.

La situación sería aún peor si en el *caso «b»* se lo absolviera a *B*. Firme esta absolución, al ministerio público se le podría ocurrir incriminar las injurias, las coacciones, las amenazas y el daño de cosas.

En consecuencia, rige como regla, en el efecto de bloqueo de la sentencia, no ser demasiado egoísta. Aquí también luchan (de nuevo) la seguridad jurídica y la justicia material. Esta última tiende a restringir el objeto del proceso y el efecto de bloqueo de la sentencia firme, y la primera a relajar el efecto de bloqueo. En el ámbito de las *infracciones al orden*, la problemática concierne a los § 82 y 84 de esta ley. Tiene particular significación el § 84, párr. 2. Tanto la sentencia firme, que condena un hecho como infracción al orden, así como también el auto dictado conforme al § 72 de esta ley impiden que se persiga el mismo hecho como hecho punible.

Ver más datos en Molière (*Die Rechtskraft des Bussgeldbeschlusses*, 1975) y Gohler, *Ordnungswidrigkeitsgesetz*, 4, *B*. En contra de esta argumentación se ha pronunciado recientemente la Corte Suprema federal («Neue Juristische Wochenschrift», 1978, 2519, con remisiones a la jurisprudencia).

Si se quisiera aprobar, en el *caso «c»*, la sentencia 70, 30, del Tribunal del Reich, una decisión conforme a los § 72, 117 y 118 de la ley sobre infracciones al orden impediría una ulterior persecución penal por asesinato. A esto hay que oponerse por y con las razones ya expuestas.

II. Significación

Las consideraciones hechas en el n° I han aclarado la significación del concepto del objeto del proceso. Sinópticamente, expondremos nuevamente los distintos casos:

1. Para la litispendencia

La cuestión relativa a lo que es litispendiente depende de la extensión del objeto del proceso. Según el § 155 de la Ordenanza Procesal Penal, es litispendiente el objeto del proceso, no más de eso (no los asuntos que no pertenecen a la misma situación de hecho que es objeto de la acusación), pero tampoco no menos (entonces, lo que se acuse, aun cuando la acusación solo mencione una parte de los hechos punibles cometidos).

Si hay litispendencia, existe un impedimento procesal para iniciar un nuevo procedimiento sobre el mismo objeto del procedimiento. El segundo procedimiento debe cerrarse (ver el capítulo 4, III, 1, *b)*.

En el *caso «a»* un procedimiento litispendiente ante otro tribunal por daño de cosas, se debería cerrar. El sentido de esta regulación es éste: *un solo* tribunal debe ocuparse del *total* objeto del proceso (esto es importante incluso a los fines de la graduación de la pena; ver lo que ya se ha dicho). El daño de cosas le corresponde.

2. Para la modificación de la acción y la acumulación de las acciones

También la cuestión de la modificación de la acción y de la acumulación de las acciones depende de la amplitud del objeto del proceso. De la modificación de la acción solo se puede hablar si está modificado el objeto del proceso y de una acumulación únicamente si existen varios objetos del proceso.

a) En consecuencia, existe (conceptualmente) una modificación de la acción, si ésta se promueve contra una *persona* distinta de la que había sido acusada originalmente (no solo contra *A y B,* sino también contra C o solamente contra C y *D),* si respecto de la misma persona se expone otra situación de hecho en la acusación (y, según la tesis sustentada aquí, además, si se afirma una consecuencia penal diferente; por ejemplo, si no se afirma en el mismo complejo una infracción al orden, sino un crimen con la consecuencia jurídica pertinente).

Las modificaciones de la acción (muy frecuentes en el proceso civil, postulando la ley la ficción de que no existe una modificación de la acción; ver el § 264 de la Ordenanza Procesal Civil) son admisibles, a causa de perjuicios para la *defensa* de *B,* en medida muy reducida. Al incluir en el debate otros hechos, se debe promover, según el § 266, una acusación complementaria y esto es posible solamente si media el consentimiento del acusado. Si él está de acuerdo, el tribunal decidirá con arreglo al § 266, párr. 1 (el que sustituye al auto de apertura que falta). Una modificación de la acción incluyendo a otra persona es, en general, inadmisible.

Al modificarse la acción, se da otro objeto del proceso (o un objeto del proceso *adicional*). Se habla de *alia res* en el § 266 de la Ordenanza Procesal Penal. Enfrente está el *eadem res* del § 265. Aquí no se introduce en el procedimiento ningún otro objeto del proceso; solo se modifica la apreciación jurídica de la misma situación. No es necesaria aquí una acusación complementaria. No obstante, se le debe señalar a *A* que el criterio jurídico fue modificado y se le debe dar suficiente oportunidad para la defensa; ver el § 265, párrs. 3 y 4.

En el *caso* «a» existe *eadem res*. No existe acusación complementaria, sino tan solo indicaciones conforme al § 265.

b) Existe (conceptualmente: la admisibilidad es otra cuestión) *acumulación de acciones si* un proceso tiene varios objetos. Se puede discutir si esto no constituye varios procesos que se llevan a cabo unidos.

En el concurso real no existe siempre acumulación de las acciones. Depende de si existen varias situaciones de hecho.

En sentido estricto, existe acumulación en un procedimiento contra varias personas (por participación en una situación de hecho) o contra una sola persona por varias situaciones de hecho (en cambio, no son imaginables varias afirmaciones de consecuencias jurídicas sumamente divergentes que dependen de una sola situación).

Esencialmente, la Ordenanza Procesal Penal ha decidido la acumulación de acciones favorablemente. La acumulación es económica desde el punto de vista procesal y, además, el tribunal obtiene una mejor vista de conjunto acerca de la personalidad del autor (un autor y varios hechos) o de la forma de la participación en un hecho (un hecho y varios partícipes). En cierto modo, la Ordenanza Procesal Penal pretende atender de un solo golpe lo que puede atenderse así. Además, se ahorra en la acumulación de acciones la unificación posterior de la pena para un autor único.

Por consiguiente, la acumulación es admisible y deseable. La ley la favorece en el § 2 de la Ordenanza Procesal Penal, creando una competencia especial en caso de conexión (ver el § 3); en cuanto a la jurisdicción, ver el § 13 de la Ordenanza Procesal Penal. Además, el § 4 determina que una unión de hechos conexos puede ser ordenada en un momento posterior. .

En el *caso «a»* no hay acumulación si por estos hechos se promueve la acusación únicamente contra A. Si habían participado *A, B y C,* existen tres objetos y los procesos se unen en uno solo = acumulación.

3. Para la firmeza

a) El concepto de firmeza abarca efectos determinados de la sentencia: *firmeza formal* significa, por un lado, que este proceso no puede continuarse con recursos (está terminado) y, por el otro, la ejecución de la sentencia penal presupone la firmeza formal («efecto de la ejecución», § 449 de la Ordenanza Procesal Penal; no así en el proceso civil, donde antes de producirse la firmeza existe una ejecutabilidad provisional, § 704 y ss. de la Ordenanza Procesal Civil),

En cambio, la *firmeza material* se refiere a los efectos, en cuanto al contenido, de la decisión: si se ha decidido con sentencia firme acerca del objeto del proceso, *la pretensión penal está «agotada**. Ya no se puede promover una nueva acción sobre el mismo *objeto*: *ne bis in idem* (art. 103, párr. 3, de la Ley Fundamental). Una sentencia que se dictara, a pesar de ello, sería, según la opinión dominante, nula. No se puede, después de una absolución, buscar otras pruebas, nuevos testigos y peritos, nuevos objetos para el reconocimiento directo, y a continuación empezar otra vez el proceso, desde el principio, sobre el mismo «hecho». La *absolutio ab instantia* del derecho común es un mal recuerdo del período más negro de la administración de justicia penal alemana.

Por consiguiente, el efecto de bloqueo de la decisión firme existe solamente respecto de la misma *persona* (contra otro autor se puede promover acción por la misma situación de hecho; ver lo que se ha dicho en el nº I, 3, *a)* y respecto de la misma *situación de hecho* (por otra situación puede promoverse una acción contra la misma persona), y, por último, según la opinión sustentada aquí, también solamente de la afirmación de la consecuencia jurídica *homogénea, en principio* (si se afirmó y juzgó únicamente una infracción al orden, se podrá, por un delito contenido en el mismo complejo, promoverse nuevamente la acción, incluso contra la misma persona).

En el *caso «b»*, la condena por lesión corporal grave bloquea este complejo para este autor. Por los otros delitos que concurren en forma ideal o real, A no puede ser acusado otra vez. Lo mismo, respecto de una absolución por lesión corporal grave. Otra acusación, desde otro punto de vista jurídico (por ejemplo, por injuria), no es posible: *ne bis in idem.*

En cambio, en el *caso «c»*, según la opinión sustentada aquí, no existe el efecto del bloqueo. La afirmación de la consecuencia jurídica no es idéntica. La opinión dominante trabaja valiéndose del argumento de que la situación sería distinta si el primer juez no vio, ni averiguó, ni estuvo en la posibilidad de averiguar circunstancias tan graves (el tiro fue un asesinato). Ciertamente, surgen graves problemas limítrofes: ¿qué sucede, por ejemplo, si el primer juez admitió una lesión corporal tentada y absolvió, aclarándose después que se trataba de un asesinato?

Otros *ejemplos* extraídos de la jurisprudencia: se lo condena a *T* por conducir sin permiso (es un delito con arreglo al § 21, párr. 1, nº 1, primera alternativa, de la ley sobre el tránsito vial); la sentencia deviene firme. Resulta después que *T* también intentó violar, durante este viaje, a su compañera *O*. Por esta circunstancia ¿puede promoverse otra acusación? (Corte Suprema federal en Dallinger, «Monatsschrift für Deutsches Recht», 1973, 556).

A, aun estando incapacitado para conducir por haber ingerido alcohol, viaja con su automóvil, alegremente, a su casa. En el camino, choca con un vehículo estacionado y —sin detener su marcha— continúa con una velocidad aún superior. El juez municipal condena a *A* por poner en peligro culposamente el tráfico vial (delito según el § 315c, párr. 1, nº 1, *a*, y párr. 3, nº 2, del Código Penal). ¿Puede ser acusado en un procedimiento posterior por haberse alejado sin autorización del lugar del accidente, con arreglo al § 142 del Código Penal? (caso simplificado, según la sentencia 23, 141, de la Corte Suprema federal).

En el primer caso, la Corte Suprema federal, a pesar de las consecuencias extrañas, se atuvo al concepto del objeto del proceso desarrollado por la jurisprudencia y decidió que, por la sentencia que condenaba por conducir sin permiso, que también estaba agotada la acción penal respecto de la violación tentada. Según la opinión sustentada aquí, a *T* se lo podría haber penado sin problemas según los § 177, 22 y 23, del Código Penal, ya que durante ese viaje (= el «hecho») se dedujo una consecuencia jurídica completamente diferente.

En el segundo ejemplo, la Corte Suprema federal explicó en primer término que entre la exposición a peligro culposa del tránsito vial y el subsiguiente alejamiento no consentido del lugar del accidente, existe una pluralidad de hechos jurídico-material. A pesar de esto, se trata de *un solo* hecho en sentido procesal penal, por cuanto «el contenido de injusto y culpabilidad de la huida del lugar del accidente... no (podría) haber sido sentenciado, sin tener en cuenta las circunstancias bajo las cuales se arribó al accidente» (así se pronuncia la Corte Suprema federal en la sentencia 23, 141 y 147). La debilidad de la opinión dominante es particularmente evidente si se trasforma el ejemplo, diciendo que A abandona en el lugar del accidente a una víctima herida mortalmente y que se lo condena en primer término con sentencia firme solamente con arreglo al § 142. Según la opinión dominante, en este caso, ya no podría acusarse a *A* por el delito de homicidio, eventualmente cometido.

b) Gran significación le corresponde a la cosa juzgada en el ámbito de la *acción continuada.* Aquí se pone de manifiesto con relativa claridad que el concepto procesal del hecho también resulta influido por construcciones de derecho material, porque una acción continuada es, tanto en el aspecto jurídico-material, cuanto en sentido procesal, *un solo* hecho. Así, en caso de que a *A* se lo condene por sentencia firme, por cinco estafas continuadas, la firmeza se extiende también a todas las otras partes de esta acción continuada no descubiertas. Un segundo procedimiento relativo a estas partes debería sobreseerse. Ver, dentro de este contexto, además, el caso instructivo previsto en la sentencia 6, 122, de la Corte Suprema federal: de 226 actos parciales únicamente 7 estaban comprendidos en un decreto penal (sentencia firme en procedimiento especial por hechos leves) y el Tribunal Federal admitió, no obstante, la preclusión de la acción penal!

De otra manera debe ocurrir si A comete nuevos actos parciales después de dictarse la sentencia. En este caso, la sentencia destruye la unidad procesal del hecho. Una sentencia solo puede referirse a un comportamiento del pasado, y no a uno del futuro (sentencia 9, 324 y 326, de la Corte Suprema federal).

c) Si una sentencia es impugnada solo *parcialmente* (ver los § 316, 318, 327, 343, 352, etc.), existe, respecto de la parte no impugnada, una *cosa juzgada pardal.* Problemas especiales pueden surgir si, al decidir acerca de la impugnación parcial, se presentan circunstancias que revelen la inexactitud de la parte no impugnada, ya firme.

Ejemplo: A interpone contra la sentencia apelación, limitándola a la cantidad de la pena. En el debate resulta su inimputabilidad. ¿Se lo debe absolver a *A,* aunque no haya impugnado el fallo sobre la culpabilidad? ¿Se lo debe condenar aunque se note a primera vista que la sentencia es equivocada? Ver, por un lado, Peters (*Lehrbuch,* § 53, I, 2) y, por el otro, la sentencia 7, 283, de la Corte Suprema federal.

d) En presencia de la sentencia firme de condena, existe la pretensión estatal de su ejecución, independientemente de la corrección de la sentencia. A este resultado (final) arriban tanto la teoría «jurídico-procesal» cuanto la teoría «jurídico-material» de la cosa juzgada, como también la «teoría estructural del proceso». En consecuencia, no es necesario tratar más detenidamente la disputa relativa a la teoría. Así, un condenado inocente no puede invocar, por ejemplo, la legítima defensa, para defenderse con todas sus fuerzas contra su encierro en la cárcel.

e) Por último, presenta todavía problemas especiales la circunstancia de que la opinión dominante solo admita, en contra del texto claro del § 410 de la Ordenanza, tan solo una *fuerza limitada de cosa juzgada* para el *decreto penal* (sentencia en procedimiento especial por hechos leves) (de esto se ocupa ampliamente Schäfer en Löwe-Rosenberg, notas marginales 2 y ss. respecto del § 410). Este criterio tropieza con dudas relevantes, dado que, según el § 84, párr. 2, de la ley sobre las infracciones al orden, incluso el auto según el § 72 de dicha ley, provoca la preclusión de la acción penal, aunque solo esté precedido por un procedimiento monitorio. Ver también los datos bibliográficos en el nº I, 3*b.*

III. Síntesis

El objeto del proceso u objeto del procedimiento (en el proceso civil: objeto del litigio) es, en el proceso penal, la afirmación de una consecuencia penal emergente de una situación de hecho determinada y para una persona determinada. La *identidad de la persona* y la *identidad de la situación* indican el mismo objeto del proceso. (Según el punto de vista sustentado aquí, la afirmación de la consecuencia penal debe también ser similar, lo que, naturalmente, se formula de manera absolutamente general; no puede compararse, verbigracia, con la demanda del derecho procesal civil).

No tiene importancia que el *acusado* haya cometido realmente un «hecho» (§ 155 y 264). Aunque haya sido acusado un inocente, se llevará a cabo un proceso penal que también tiene un objeto procesal. El concepto *situación de hecho* no se trata del concepto jurídico-material de la unidad de la acción. Incluso en caso de concurso real, puede existir, en sentido procesal, una situación de hecho = un hecho. Se trata siempre del complejo unitario según la concepción natural.

En el proceso penal, esta determinación del objeto del proceso por la *situación de hecho* no es objeto de discusiones en virtud de las disposiciones previstas en los § 155 y 164 (no así en el proceso civil). En cambio, es objeto de discusiones la cuestión de cómo debe determinarse, en casos particulares, la situación de hecho *y*, además, si el objeto del proceso se estrecha o no en el curso del procedimiento (como afirma Peters) o si permanece inmodificable (como dice la opinión dominante).

El alcance del objeto del proceso tiene significación para la litispendencia, la cosa juzgada (y su efecto de bloqueo, *ne bis in idem),* para la cuestión de la modificación de la acción (y —menos importante— para la acumulación de acciones).

La *cosa juzgada* concierne a la relación conflictiva entre la *justicia material* (efecto solo limitado de bloqueo, a fin de que decisiones inexactas o incompletas no impidan la realización del derecho material) y la *seguridad jurídica* (los errores en las investigaciones no deben cargar sobre *A* en forma tal que puedan formularse siempre de nuevo otras acusaciones: concepto amplio del objeto del proceso = efecto amplio de bloqueo).

De todas maneras, la valoración *jurídica,* falsa o incompleta, de una situación, no afecta su identidad (y, por tanto, su efecto de bloqueo). Incluso una investigación incompleta de las circunstancias de la situación de hecho, cuyos perfiles en cierta medida se conocen, no afecta la identidad y el efecto del bloqueo (criterio discutido).

Todo efecto de bloqueo excesivamente reducido (por haberse estrechado demasiado el objeto del proceso) también es contrario a las disposiciones sobre la revisión de un procedimiento concluido por sentencia firme (y esto es posible tan solo limitadamente). Como en general en el proceso penal, aquí también la seguridad jurídica precede a la justicia, la que solo se puede obtener a costa de la máxima inseguridad para el acusado. El riesgo de una gestión procesal eficiente no se encuentra en *A,* sino en quien ha puesto en marcha este procedimiento para realizar el derecho penal material: la comunidad jurídica.

DERECHO PROCESAL PENAL. CONCEPTOS
FUNDAMENTALES Y PRINCIPIOS PROCESALES.
INTRODUCCIÓN SOBRE LA BASE DE CASOS,
de JÜRGEN BAUMANN, se imprimió
en la República Argentina en enero de 2019.